le go

ISBN 978-2-84420-458-5

Loi n° 49-956 du 16 juillet 1949 sur les publications destinées à la jeunesse
Maquette : Bärbel Müllbacher

le goût de la mangue

Catherine Missonnier

Roman

Illustration de couverture
de Claude Cachin

EDITIONS
THIERRY
MAGNIER

Catherine Missonnier a toujours raconté des histoires. Pour ses amies de pension du lycée de Tananarive (Madagascar) d'abord, et pour ses quatre enfants enfin. Elle n'avait jamais pensé les écrire. Et puis un jour elle a regretté tous ces récits perdus dont personne ne se souvenait, pas même elle. Elle a décidé de rogner du temps sur une vie professionnelle envahissante, s'est acheté un cahier à spirales et a commencé à le remplir.

Depuis elle a publié vingt-cinq romans, certains inquiétants, d'autres plus amusants, voire carrément farfelus.

Superman contre CE2, éd. Rageot (coll. Cascade), 1989.
Opération caleçon au CE2, éd. Rageot (coll. Cascade), 1990.
Extra-Terrestre appelle CM1, éd. Rageot (coll. Cascade), 1992.
Les CM2 à la une, éd. Rageot (coll. Cascade), 1995.
Premier en foot, éd. Rageot (coll. Cascade), 1996.
Le Lion magicien, éd. Hachette Jeunesse, 1997.
Mystère à bord, éd. Rageot (coll. Cascade), 1998.
Panique en sixième A, éd. Rageot (coll. Cascade), 1999.
On ne badine pas avec les tueurs, éd. Gallimard Jeunesse (coll. Folio Junior), 2000.
L'Homme à la veste à carreaux, éd. Rageot (coll. Cascade), 2000.
Folle à tuer, éd. Rageot (coll. Cascade policier), 2001.
Si j'avais un copain grand et fort, éd. Nathan (coll. Demi-Lune), 2001.
Une saison avec les loups, éd. Gallimard Jeunesse (coll. Folio Junior), 2002.
Le Secret de Garou, éd. Rageot (coll. Cascade), 2003.
Victoire est amoureuse, éd. Gallimard Jeunesse (coll. Folio Cadet), 2004.
Sombre trafic, éd. Rageot (coll. Heure Noire), 2004.
L'Heure de la vengeance, éd. Rageot (coll. Heure Noire), 2005.

À André et Éliane

Comment montrer, sans les trahir, les choses simples dessinées entre le crépuscule et le ciel ?

René Char

En 1956, quand se déroula cette histoire, Madagascar était une colonie française, conquise et administrée par la France depuis soixante-dix ans.

Y vivaient environ cinquante mille Français, deux tiers de colons, planteurs, entrepreneurs, installés depuis parfois deux générations, et un tiers de fonctionnaires et de cadres envoyés par la métropole pour administrer l'île ou diriger les grosses sociétés d'import-export.

Les Malgaches, cinq millions de personnes à l'époque, étaient composés d'une vingtaine de groupes ethniques différents, chacun localisé sur un territoire particulier. Les Mérina occupaient les hauts plateaux du centre. Au cours des siècles, ils avaient progressivement étendu leur hégémonie sur les autres ethnies. Au moment de la conquête française en 1895, la monarchie mérina régnait sur l'ensemble de l'île.

1

Les vacances de Pâques sont arrivées. Comme tous les trois mois, il va falloir quitter l'internat où je suis si tranquille et retourner dans le monde où tout est si compliqué. Je vais retrouver ma famille que je me suis appliquée à fuir mais qui me manque terriblement et la décevante bande de jeunes dont je n'arrive pas à me passer.

J'habite depuis trois ans un pays de rêve. La vie y est bien plus facile que dans ma Bretagne aigre et pluvieuse. De l'avis unanime des Français qui ont réussi à arriver jusqu'ici, Madagascar est un coin de paradis. Moi, je ne m'y suis jamais sentie à l'aise. Certes l'île a des splendeurs sauvages, l'océan Indien une eau transparente et nacrée, et l'air du soir, en saison chaude, est doux comme une caresse. Mais la jeunesse blanche, les gens que je suis censée fréquenter, semble pétrie d'une pâte particulière, trop désinvolte, trop nonchalante pour mon esprit appliqué de bonne élève. Ici on fait la fête, on ne s'embête pas à apprendre. Je ne suis pas très douée pour la fête. Un héritage empoisonné de ma mère, sans doute.

Pourtant, comme d'habitude au moment de partir, je ne peux refréner un frisson d'espoir. J'ai grandi de 1 centimètre, j'ai perdu 2 kilos et je me suis préparé tout un lot de répliques piquantes pour paraître intelligente et drôle. Et puis maman sera peut-être sereine, papa aura des tas de nouveaux clients… cette fois les vacances pourraient être belles.

– Activons, mesdemoiselles, le train n'attendra pas.

La grosse Lefébure, notre surveillante générale, tient à montrer une dernière fois son autorité avant de nous laisser partir pour la gare sous la conduite de Mme Houareau, simple surveillante de dortoir.

– Qui sera là ?

– Billy, sûrement, Jean-Pierre Lefaucheux, Sébastien, Loïc, peut-être Thomas, énumère Hortense qui a ses informateurs.

Elle ne songe pas à citer les autres filles. Du lycée, nous sommes déjà cinq : Hélène ma complice en rêverie et inventions folles, Jacquotte, une pâle Normande lymphatique, une élève de quatrième et moi. Hortense s'empresse d'oublier celles de l'école des sœurs. Par contre les garçons… c'est tout le sel du voyage. Pendant quatorze heures, le temps qu'il faut à notre train pour parcourir les 360 kilomètres qui séparent Tananarive de Tamatave, nous serons enfermées avec eux dans les quelques mètres carrés d'un wagon étroit. Pendant quatorze heures nous serons inséparables et j'aurai l'illusion de faire partie du groupe.

– Hortense a mis ses seins en exposition, me souffle Hélène au creux de l'oreille.

– Elle a des visées sur Billy, il lui faut des arguments.

Hortense n'a rien d'une lumière, elle n'est même pas très jolie, mais elle dispose d'avantages autrement plus convaincants que les miens pour attirer les garçons. Et elle n'éprouve aucune gêne à les montrer. Hortense aime les garçons, surtout quand ils la caressent. Moi je les préfère plus distants, mais romantiques. Ici, ce n'est pas tellement le genre.

Les valises sont entassées dans la camionnette du lycée. Nous, nous descendons à pied par les escaliers qui relient la colline de Faravohitra à la ville basse, le quartier d'Analakely et la gare. Le train part à 6 heures, il en est 5 à peine passées, nous en avons dormi quatre. Le monde extérieur est si imprévisible, il a bien fallu la moitié de la nuit pour nous préparer à l'affronter.

Traverser Analakely au petit matin, quand les marchands du *zoma* commencent à installer leurs piles de fruits et de légumes sous les larges parasols blancs, est le premier plaisir des vacances. On flânerait bien un peu, mais l'ombre de la grosse Lefébure veille.

– Allons les filles, on ne traîne pas, houspille Mme Houareau, il faut encore récupérer les valises.

– Ils seront là, tu crois ? s'inquiète Jacquotte.

Celle-là a peur de rater la fête. Qu'elle se rassure, « ils » sont toujours là et elle ne s'ennuiera pas. Dans le train les garçons ne sont pas regardants, même une blonde fadasse comme elle a ses chances.

Non seulement ils sont là, mais ils ont réservé nos banquettes, tout au bout du wagon de queue, comme d'habitude, pour que personne ne dérange nos ébats et pour annexer la plate-forme arrière. Il y a Billy bien sûr, calé dans le coin du fond à gauche, sa guitare sur les genoux et son sourire à attraper les filles déjà largement étalé sur la figure, Lefaucheux, son *factotum*, un échalas osseux et cynique toujours collé à Billy, Loïc Crébillon, au visage d'ange criblé de taches de rousseur et aux mains lestes, Sébastien Blaise, fils de gendarme, une belle musculature un peu niaise, et Thomas Lempereur, un esprit simple, rond et rieur, tout content de se retrouver là. Les filles de l'école des sœurs ne sont pas encore arrivées. Hortense en profite pour s'approprier la place à côté de Billy. Malgré la mimique engageante de Loïc, je ne prends pas le risque de m'installer au milieu des garçons. On sait ce qu'implique ce genre d'invite et j'ai peur de ne pas savoir garder mes distances avec assez d'humour. Contre la fenêtre de droite, en face d'Hélène, je serai bien.

« Génial, vous avez gardé les places ! »

Toujours flatteur le contingent des écoles privées ! Les filles en tête, une petite cour autour de la très distinguée Anne-Lise du Marsais, drapée dans sa blondeur pâle d'héroïne romantique. Les garçons sont beaucoup plus fades sauf Denis Lastelle, une jolie gueule de voyou qui fait déjà le désespoir de ses parents.

En étalant les sacs et en allongeant les jambes, nous arrivons à monopoliser les quatre dernières rangées de banquettes face à face. Un véritable territoire. Le reste du wagon est occupé exclusivement par des Malgaches qui se serrent à cinq ou six par banquette. Certains jettent des regards furtifs sur les espaces libres de notre domaine. Aux gestes du menton des vieilles et à la sonorité agressive de leurs propos, on devine qu'elles ne disent pas du bien de nous. Par lâcheté, sans doute, je leur tourne le dos. De toute façon, les Malgaches ne font que de courts trajets, d'un village à l'autre, tandis que nous, nous allons jusqu'au terminus. Il faut bien qu'on puisse s'étendre un peu.

Et le train s'ébranle. Les collines de Tana, illuminées par le soleil levant, flamboient au-dessus de nos têtes de tous les tons roses et rouges des étroites maisons mérina agrippées à leurs pentes. Puis très vite on sort de la ville.

J'aime le début du voyage, les arrêts toutes les dix minutes dans les petites gares de campagne, les villages resserrés sur la croupe des collines comme des troupeaux craintifs, dominant le patchwork sinueux, jaune pâle, vert tendre, émeraude des rizières. J'aime aussi la sauvagerie rase des hautes terres, quand les rizières ont abandonné la partie et laissé la place à une herbe sèche et courte, presque grise, qui arrondit doucement les sommets et que vient rompre, par larges entailles, le rouge profond des *savoka*, ces crevasses que l'érosion a saignées dans le cœur de la latérite.

Je sors rarement de Tana pendant l'année scolaire et de Tamatave pendant les vacances. Ce voyage en train si lent, sur sa voie si étroite qu'on a le sentiment de frayer son chemin à travers la brousse, c'est ma façon de pénétrer dans la profondeur de l'île. À défaut de dévaler ce pays à pied, j'essaie de l'absorber par les yeux, d'en ingérer le suc à distance.

Avec les arrêts, il nous faut près d'une heure pour faire les 48 premiers kilomètres jusqu'à Manjakandriana, gros bourg et nœud routier, où la moitié du train descend et une autre remonte. À partir de Manjakandriana l'ambiance change. On quitte les plateaux, les Mérina réservés, aux gestes lents et contrôlés, comme isolés dans leur monde intérieur, font progressivement place à des voyageurs plus foncés, plus exubérants. Dans notre coin de wagon c'est la fin de la période d'observation. Les intentions commencent à affleurer.

– J'aurai le hors-bord de mon frère, annonce Loïc en coulant un œil du côté d'Anne-Lise.

– On pourrait faire une virée à l'île aux Prunes, propose Sébastien le regard égrillard.

– À deux bateaux, ce serait pas mal, suggère Denis Lastelle qui a toujours des combines pour emprunter des engins à moteur.

Les filles sont sur la réserve. L'île aux Prunes c'est une journée entière entre mer et soleil, à 10 kilomètres au large de tout regard adulte. Une fille qui accepte l'île aux Prunes sera bichonnée pendant le voyage en train. Mais avec une nuance alléchée pas toujours flatteuse. Je n'ai jamais été à l'île aux Prunes, la balade ne m'a jamais été proposée par le bon navigateur.

– J'en parlerai à mes parents, lâche sournoisement Anne-Lise, ceinture noire dans l'art de ménager ses arrières.

– C’est bien ? s’enquiert Jacquotte qui en meurt d’envie.

– Génial. Je viendrai te chercher, se précipite Lefaucheux.

Jacquotte recule. Lefaucheux ne sait pas ménager les transitions.

– J’ai faim, clame Hortense avec une œillade gourmande pour Billy.

À chaque arrêt en gare, des petites marchandes nous tendent sous le nez des nourritures indigènes : saucisses pimentées, beignets, poissons frits dégoulinant d’huile, lanières de viande séchée…, autrement plus savoureuses que le brouet du lycée. À Manjakandriana on n’y tient plus.

Les garçons, chargés des courses, doivent forcer leur chemin jusqu’à la porte du wagon tant est serré le flot des voyageurs qui montent et descendent. Le temps d’enfourner leurs achats dans les cornets de papier journal, de nous les passer par les fenêtres et de récupérer leur monnaie, le chef de gare siffle le départ, et le début d’un rituel stupide mais immuable : la course avec le train, jusqu’à l’instant crucial où les coureurs attrapent la barre métallique pour sauter à bord ou la ratent. C’est à celui qui remontera le dernier dans le wagon et reviendra ruisselant et glorieux tirer profit de son exploit.

Seul Billy se permet de ricaner. Lui ne joue jamais à concurrencer la locomotive. Il reste calé dans son coin de fenêtre, se faisant nourrir à la béquée par Hortense minaudante, le chemisier tendu à craquer sur sa poitrine rebondie.

Le magnétisme de Billy reste pour moi un

mystère. À seize ans il est déjà gras, le cou court, un gros nez et des bajoues ; la moitié de ses propos sont des plaisanteries salées, les autres sont d'une banalité à pleurer. Mais Billy est la coqueluche des filles. Il lui suffit de tendre la main pour qu'elles tombent dedans. Pas moi. D'abord il ne tend jamais la main vers moi, et de toute façon j'ai d'autres aspirations, sans commune mesure avec le lourd Billy Jones. Le plus mince, le plus aristocratique, le plus charmant, le plus distant, hélas, de tous les Blancs de plus de seize ans de Madagascar : Arnaud Courtois. Il fait partie de la famille régnante : celle qui domine les relations mondaines de l'île, les Baker, de Trévise, Courtois. À moitié anglais, ils en ont l'indifférence au reste du monde, aussi blonds, dorés, racés et inaccessibles les uns que les autres. Tous cousins, toujours ensemble, une forteresse. Pour faire simple, j'ai choisi le plus séduisant. Je ne sais pas s'il a vraiment remarqué mon existence, mais lui peuple mes nuits.

En fait, je me doute bien que l'enjeu est trop beau pour moi. Mais à chaque fois que le train me ramène à Tamatave, je ne peux m'empêcher d'espérer. Il y sera, c'est sûr, il descend toujours chez ses cousins Baker. Lui vit à Tana, dans des cercles où je mets rarement les pieds : au Sport Club, au club nautique de Mantasoa, mais jamais, grands dieux, au temple protestant d'Andohalo, ou chez les pasteurs qui m'accueillent le week-end. Pendant l'année scolaire, nous vivons sur deux planètes différentes, mais aux vacances, nos orbites se croisent. J'ai peut-être une chance.

– Pour la pièce, j'ai une idée.

Ainsi est Hélène, poursuivant ses rêveries dans la frénésie générale. Pas indifférente, elle voit tout et s'en amuse beaucoup, mais à côté, à la frontière entre l'agitation du monde réel et l'ébullition silencieuse de son imagination. À la rentrée, nous commençons l'écriture de la pièce de fin d'année. Nous en avons inauguré le principe en cinquième avec une sanglante histoire romaine, en toge drap de lit et assassinat sur scène, nous ne pouvons plus déroger et d'ailleurs l'idée ne nous en serait jamais venue. C'est bien trop amusant.

– Ça se passerait en Inde, sous le règne d'un maharadjah vieillissant…

Nos sorties du dimanche sont nourries de films indiens sauce Hollywood, la moitié au moins de la programmation du Ritz.

– La fille du maharadjah tombe amoureuse d'un jeune guerrier qui, lui, aime en secret la danseuse sacrée du temple de Shiva, disons une esclave, enfin quelqu'un qui ne maîtrise pas son sort.

Hélène a l'art de créer des situations qui ne peuvent tourner qu'au tragique.

– Là-dessus le royaume est menacé par une invasion, et la maharanée arrive à convaincre le vieux maharadjah d'envoyer le guerrier à la tête des troupes pour repousser l'envahisseur. S'il revient vainqueur, on lui donnera la princesse. Il revient vainqueur, mais après je ne sais pas ce qui se passe.

L'histoire d'Hélène arrive à point pour me distraire. Dans le wagon, les manœuvres de rapprochement ont commencé et, comme d'habitude, je suis restée dans mon coin. Même cette idiote de Jacquotte est en train de se caser. Elle a réussi à se débarrasser de Lefaucheux en se réfugiant auprès de Thomas Lempereur, ravi de l'aubaine. Loïc a entrepris le siège d'Anne-Lise à coups de beignets et de déclarations enflammées. Et cette anguille de Denis Lastelle a jeté son dévolu sur la meilleure amie d'Anne-Lise, qui joue seulement à se défendre. Les filles de l'école des sœurs sont remarquables dans l'art de capturer les mâles le petit doigt en l'air comme on prend le thé chez grand-mère.

Si j'avais répondu aux premières avances de Loïc, je ne serais pas là à jouer les voyeuses. Mais, Loïc essaie avec n'importe qui et ça ne m'amuse pas d'être n'importe qui. L'histoire d'Hélène est une bénédiction, d'ailleurs je la soupçonne de préméditation. Hélène est bonne, elle sait qu'à partir de Manjakandriana, j'ai besoin de réconfort.

– Donc tu disais, un jeune guerrier. Pas encore général, j'imagine, une sorte de capitaine ou équivalent…

La pièce va nous occuper jusqu'à Brickaville, le terminus d'Hélène. Je sens que le rôle de la maharanée est taillé pour moi, je suis la spécialiste des personnages machiavéliques qu'on trucide à la fin. Je meurs très bien sur scène, dans un sursaut de dignité rédemptrice.

Après les agapes de Manjakandriana qui nous calent l'estomac, puis la terrifiante descente de la Mandraka, 700 mètres de dénivelé en lacets serrés entre la montagne abrupte et le vide, qui nous font passer d'un coup de la fraîcheur des plateaux à la moiteur tropicale, le voyage commence à s'étirer. Les heures qui restent risquent d'être longues et monotones à travers de vastes espaces broussailleux peu habités, puis dans la grande forêt humide qui va nous accompagner jusqu'à la côte.

C'est le moment où j'aime aller m'asseoir par terre sur la plate-forme arrière. Le dos calé au wagon, je regarde fuir les arbres et les villages en respirant l'odeur âcre des feux de brousse. Parfois, les branches des arbres sont si longues qu'elles effleurent les montants du wagon. Dans le vent de la course qui me fouette les joues, j'ai l'impression qu'un peu de la saveur de l'île me pénètre la peau.

Quand je suis arrivée ici, Madagascar m'a sauté au cœur. Pour une ex-Bretonne mouillée, ex-Parisienne enfumée, une telle douceur de l'air, une telle rutilance des couleurs, c'était presque trop somptueux. En trois ans, je me suis familiarisée avec le pays. Il est devenu un monde balisé où je différencie les maisons de torchis rouge des plateaux des cases de *falafy* de la côte. Je sais que les letchis sont mûrs à Noël quand les flamboyants se couvrent de fleurs. J'identifie tout de suite les rythmes et les chants qui accompagnent un *famadihana*, la cérémonie de retournement des morts. Mais, dans l'ensemble, j'ai l'impression de rester en surface des choses. Jamais je ne devine ce qui peut se passer derrière les carrés d'igname bien sarclés ou les enclos des villages, comme, d'instinct, je le savais en galopant entre les haies du bocage breton.

Papa m'a parlé d'une civilisation très ancienne, de techniques de culture ingénieuses qui font remonter l'eau le plus haut possible sur les collines pour irriguer les rizières et de pratiques dangereuses qui brûlent la forêt et ravinent les sols. Un ami de la famille m'a expliqué que les ancêtres, ici, tenaient autant de place que les vivants et Séraphine, la nénène de mes petites sœurs, m'a avoué, un jour d'abattement, que le *mpitiasa* n'arrivait pas à guérir son mari du goût de la bière. Peut-être qu'avec les somnifères de maman, il dormirait au lieu de lui taper dessus. J'ai fourni les somnifères, mais Séraphine n'a jamais voulu m'en dire plus sur les méthodes du *mpitiasa.*

Aux autres Malgaches, je n'ai pas osé poser de questions. De temps en temps, presque par effraction, je grappille quelques informations, mais l'île garde pour moi une épaisseur mystérieuse. Alors parfois, comme aujourd'hui sur la plate-forme, à défaut de la comprendre, je la hume à travers les odeurs de la brousse.

Plus nous descendons vers la mer, plus la chaleur monte. Les couples qui se sont formés se réfugient à tour de rôle sur la plate-forme arrière. Ceux qui sont restés en rade s'organisent pour s'ennuyer le moins possible : les garçons sortent les cartes, s'arrangent pour attirer les filles et les serrer de près, il faut bien qu'ils aient quelque chose à raconter en arrivant, on sollicite Billy pour un air de guitare…

Quand Hélène quitte le train à Brickaville pour rejoindre la plantation de son père, je me sens soudain très seule, mais Tamatave n'est plus qu'à trois heures de route. On s'enfonce dans la touffeur de la côte, la fatigue nous assomme. Nous ne cherchons plus qu'une chose : assez de place pour dormir.

Les lumières de Tamatave nous réveillent. Une onde de joie m'irradie le cœur, je me penche à la fenêtre. Je sais qu'ils seront là, ils y sont toujours. C'est chaque fois le grand short blanc de papa que j'aperçois en premier, campé sur ses jambes un peu arquées, droit dans ses chaussettes bien tirées, les bras croisés sur la poitrine. Je ne vois pas encore son sourire, mais je le devine rien qu'à la pose. Et je sais qu'il sentira bon le linge propre. Maman, petite, un peu voûtée déjà, un peu lasse sûrement, mais ayant tout préparé pour que je sois contente de rentrer, tenant fermement par la main jusqu'à l'arrêt total du train, les filles gesticulantes dans leurs deux robes à carreaux identiques, et derrière, adossé au pilier, l'air absent, le sourire narquois, Fred, qui m'attend pour qu'on se moque ensemble de la terre entière. Ils sont encore là cette fois-ci et c'est tant mieux.

2

La soirée est douce. Sur la large terrasse offerte aux courants d'air où maman a installé notre salle à manger, mon assiette pleine de crevettes gigantesques, mon verre rempli de vin, Lili collée à ma hanche gauche, Sonia nichée sous mon bras droit, je suis heureuse.

– Alors ce trimestre ? interroge papa qui sait que j'attends la question.

– Bof, honnête. 13 de moyenne.

– Pas d'encouragements ?

– Avec 8 en latin, c'était difficile.

– Je me demande à quoi peut bien te servir ce latin. Et ce grec en plus ! soupire maman comme d'habitude.

À fuir la maison, mais ça je ne l'avouerai jamais. Le lycée de Tamatave n'a que des sections modernes minables. Pour suivre des études classiques, il faut être pensionnaire à Tana. Je tiens ferme au latin et au grec. Je ne ferai pas d'études au rabais pour plaire à maman. Et puis je ne veux plus l'entendre se plaindre. Dès notre arrivée, j'avais décidé de partir. Rien que la première semaine dans le grand appartement à moitié vide de la rue du Commerce, assommée par ses récriminations contre l'inconscience de « mon père », j'avais la nausée. Depuis on a changé de maison, et papa de travail, pourtant je ne reviendrai pas. Je les adore tous les cinq, mais quelque chose en moi se braque immédiatement dès que maman refait une tentative pour me ramener auprès d'elle.

– Les Bastien sont toujours aussi folichons ? lance alors immuablement Fred, histoire de mettre un peu d'huile sur le feu.

– Passionnément : eau plate, bénédicité, poulet bouilli et nattes serrées. Cette année j'ai réussi à échapper aux séances de contrition publique, mais ils me guettent. Ils savent que j'aurais des horreurs à raconter.

– Tu exagères, s'insurge maman, ils sont très gentils et très dévoués.

Ce qu'on fait de pire dans le protestantisme missionnaire. Maman n'a pas eu beaucoup de choix quand il a fallu me trouver une famille d'accueil. Elle a fait jouer son réseau, celui des parpaillots. Les Bastien ont une grande maison, poussiéreuse, aux sièges rigides, mais avec beaucoup de chambres. Les weekends, ils m'y ménagent gentiment une petite place, en espérant me mener à plus de sainte humilité.

– Allez, bois un coup pour oublier, rit papa pour couper court à la polémique.

– On a une surprise pour toi !

C'est le dessert de la soirée : le cadeau des filles. J'en ai un carton plein, des coquillages peints, des bonshommes en pâte à modeler, des napperons de papier décorés... Je les garde précieusement. Cette fois, elles ont fait malin : deux ravissantes créatures de carton, en Bikini, et un lot de papier à dessin.

– C'est la poupée de *La Semaine de Suzette*. Elle est belle, tu ne trouves pas ?

– Et ça c'est pour que tu leur fasses des habits. Tu veux bien ?

– On a trouvé des modèles super, annonce Lili en poussant une pile de magazines sous mon nez.

– Tu feras un tutu de danseuse à la mienne ? s'enquiert Sonia.

Je ferai des robes du soir pailletées, des bustiers de velours, le tutu du *Lac des Cygnes*... tout ce qu'elles voudront.

Plus tard, dans mon lit, je me repasse les moments de la soirée. Elle a été parfaite jusqu'au bout, jusqu'à la Lucky Strike fumée avec Fred de l'autre côté de la terrasse loin de la chambre des parents. Maman n'a encore parlé d'aucune visite ni surtout d'aucune invitation. Les vacances s'étendent devant moi, libres, pleines de promesses.

Je finis mon café au lait à petites gorgées lentes, les pieds dans la flaque de soleil qui pénètre en oblique sous les arcades de la terrasse. La rosée s'est déjà évaporée des feuilles vernissées du manguier du jardin, la chaleur va monter doucement. Ma paresse est immense, mon bien-être au diapason. Dehors, la plage attend que je m'y étende, la mer que je m'y plonge, le soleil que je m'y dissolve. Ensuite je n'aurai qu'à recommencer, jusqu'à satiété. À Tamatave, il faudrait ne jamais se poser de questions, juste jouir du plaisir d'être là.

– On va au club ?

– Déjà ?

Museau aux aguets, les filles me pistent depuis mon réveil. Elles n'ont pas réussi à attendre la fin de mon café pour poser la question. Je bâille, histoire de les voir frétiller un peu.

– Il est 9 h 30, maman est au marché, on a pensé...

– Vous ne pouvez pas laisser Anna tranquille, bougonne Séraphine en secouant les draps. Depuis une heure, elles tournent autour de ta chambre, j'ai dû gronder pour les empêcher d'entrer.

La maison est à cent mètres de la plage, mais on ne se baigne pas n'importe où à cause des vagues et des requins. Au club nautique, dans l'anse protégée par les digues du port, il n'y a plus de vagues et l'eau n'est pas assez profonde pour que les requins s'y aventurent. Par contre c'est un peu loin pour laisser les filles y aller seules.

– Vous me donnez le temps de prendre ma douche ?

Elles se sont déjà carapatées dans une envolée de pieds nus pour changer leur culotte blanche contre un slip de couleur.

– Un short et des *samaras*, rappelle Séraphine.

Lili et Sonia sont arrivées ici toutes petites, elles n'imaginent pas vivre autrement qu'à peine vêtues, portes et fenêtres grandes ouvertes, en sautant de maison amie en maison amie, de la plage à la piscine, et quelquefois à l'école, avec une gentille Séraphine pour veiller sur elles et les consoler en cas de chagrin. Elles sont parfaitement adaptées à Madagascar.

Le club est à un kilomètre par le bord de mer, nous allons longer toute la baie, passer devant les cocotiers penchés, la piscine, le Cercle, la maison des Crébillon, et je pourrai, de loin, deviner quels bateaux sont amarrés au port. C'est drôle comme on peut être ému de retrouver des lieux familiers où l'on n'a pas forcément été heureux.

– Tu sais, je plonge du trois mètres maintenant, m'annonce Sonia. Tu viendras me voir demain ?

Sonia est un petit morceau de bonheur, menue, confiante et audacieuse. Lili est déjà une impératrice. Le monde doit se plier à ses désirs, sinon elle tempête. Avec Fred, elles ont établi une complicité faite de donnant, donnant. Il les approvisionne en bonbons et chewing-gums rationnés par maman, elles ne révèlent jamais qu'il sort le soir en douce. Je ne sais pas très bien ce que je représente pour elles, sinon celle qui raconte des histoires. Pour les tenir contre moi, attentives et ravies, j'en inventerais du matin au soir.

À la maison, je peux les garder captives aussi longtemps que je veux, mais au club, aucune histoire ne résiste à la concurrence des copains.

– Super, crie Lili, ils sont là.

Elles, on les attendait, moi je dois me caser. Ils sont déjà dix, étalés en étoile sur la plage du club, quatre du train d'hier et des Tamataviens. Je réussis à me glisser entre Clem Jones, le petit frère de Billy, et l'opulente Hortense qui se pousse gentiment pour me faire une place. Au lycée, Hortense n'est jamais qu'une brave fille assez banale dont je ne recherche pas particulièrement la compagnie. Pourquoi sur cette plage, suis-je si contente de m'allonger à côté d'elle ? Pourquoi ce groupe de garçons et de filles, dont aucun ne m'intéresse particulièrement, m'attire-t-il comme un aimant ? Je n'ai pas l'estomac de vivre seule, voilà tout. J'ai besoin de compter pour quelqu'un, pour plusieurs de préférence, sinon je ne compte pas pour moi.

Ce pays est une injustice. Sa douceur, sa moiteur alanguissent l'âme et font naître des désirs confus d'abandon. Distant et inquiétant, le monde des Malgaches m'est fermé. Bien sûr il y a des passerelles : Séraphine évidemment, Anastasie qui vend des sambosses à la porte du lycée, Anatole le cuisinier du réfectoire qui nous garde des parts de dessert en rab, mais ils n'entrent pas vraiment dans ma vie, je ne les vois qu'à travers leur rôle, sans chercher à les connaître mieux. Les seules Malgaches qui ont une existence réelle sont mes compagnes de classe, ces Hova silencieuses aux yeux fendus, si brillantes en classe et si réservées. Et en particulier la superbe Fanja, statue de bronze clair qui masque son regard derrière une longue frange raide d'Asiatique. Seulement ces Malgaches-là se dérobent à tout échange. Il ne me reste que les Blancs.

Et leur archétype incontournable : la bande des glandeurs de Tamatave.

Heureusement pour mon orgueil, il y a les dieux, tout aussi indifférents aux glandeurs qu'à moi. Eux vivent dans une autre sphère : celle de l'aristocratie de la beauté souveraine.

Les voilà qui nous effleurent justement de leurs

ailes, générant un frisson d'intérêt dans notre cercle avachi. Les dieux prennent un Coca au bar du club, en shorts et chemisettes blanches de tennismen. L'un d'eux se déshabille, sans tortillements inutiles derrière une serviette trop petite, les dieux portent toujours leurs maillots sur eux, et déposant calmement son petit tas blanc sur le sable, il fend l'eau d'un crawl impeccable. Puis, sans prendre la peine de s'essuyer, il s'étend un moment, les yeux clos, jouissant du soleil et de sa solitude.

Dans des moments de bienveillance, il arrive aux dieux d'admettre parmi eux un étranger dont la bizarrerie ou le charme les séduit. Aujourd'hui ils ont adopté Lili. Il faut dire qu'elle est délicieuse avec ses cheveux blondis au soleil, ses yeux vert sombre, son minuscule Bikini rose et son assurance d'enfant aimée. Le prince de mes nuits a assis Lili sur le bar à côté de lui et rit à gorge déployée de ses reparties, en la gavant de cacahuètes.

Et quand il la fait monter dans sa voiture pour la ramener à la maison, je me dis qu'il s'apercevra peut-être qu'elle a une sœur, mais je crains de ne pas supporter la comparaison.

Les insinuations de maman ont commencé :

– Marie-Claude est tout à fait charmante, je t'assure.

Charmante, c'est-à-dire connaissant des tas d'amis amusants, susceptibles de m'intéresser. Chaque fois que je reviens c'est le même manège, maman se donne un mal de chien pour me sortir, m'exposer dans les cercles où un garçon de bonne éducation –

et d'avenir – serait susceptible de me remarquer. La bande du club ne lui plaît qu'à moitié et puis, maligne, elle a deviné que je n'y suis pas bien intégrée. Le flair de maman a très vite repéré la fine fleur des jeunes gens pleins de promesses. Elle essaie donc, avec une persévérance jamais lasse, de me vendre à l'un des dieux. N'importe lequel, ils ont tous autant de promesses en réserve.

– Pas envie.

– Mais enfin Anna, tu ne peux pas passer tes vacances enfermée ici à lire.

– Je vais me baigner tous les jours.

– Je veux dire, le soir. Il faut bien que tu sortes un peu, que tu rencontres du monde. Tu vas devenir une vraie sauvage.

Comment ne comprend-elle pas que sa démarche achève de me paralyser ? Maman n'a aucune intuition pour ce qu'elle ne veut pas voir. Elle a abandonné une brillante carrière de journaliste pour suivre papa, d'abord dans un trou perdu de Bretagne, puis sur cette île du bout du monde, elle ne s'en console pas. À nous de reprendre le flambeau de l'ascension sociale qu'elle avait si bien commencée. À moi d'abord puisque je suis l'aînée. Détestation.

– D'ailleurs Marie-Claude passe à la maison tout à l'heure pour que je l'aide à finir sa robe.

Le piège est fermé. D'autant que Marie-Claude a un côté fantasque qui ne me déplaît pas.

Maman a bien préparé son coup. La robe cachait la soirée. J'aurais dû m'en douter. Marie-Claude s'en fabrique une nouvelle à chaque fois. Et pour la soirée, ce serait bien si je venais tartiner avec elle. Le cuisinier ne suffira pas, il est bien trop lent.

– Tu veux aussi une nouvelle robe ? lance maman avec une indifférence tellement feinte qu'elle me fait rire.

La robe, c'est l'emballage-cadeau. « Voyez comme ma fille est délicieuse, vous ne pouvez pas la laisser ainsi, assise seule sur sa chaise. » Le terrible c'est que je ne peux pas résister. Mais pour la forme, il ne faut pas accepter d'emblée.

– Tu n'auras pas le temps.

– Bien sûr que si. Tu choisis ton modèle, on passe chez Fakra chercher le tissu, tu peux faire le premier essayage ce soir.

Pour appâter les dieux, maman travaillerait nuit et jour ! Je suis horriblement injuste. C'est moi qui ai le sentiment de jouer les appâts. Elle, elle veut seulement que je réalise son rêve.

Marie-Claude a toujours des montagnes de produits de beauté dernier cri venant de France.

– Pour cacher les cernes, tu en poses juste une ombre.

– Tu ne vas pas te raser ! Tu auras les poils tout durs après. Mets cette crème, tu attends cinq minutes et tu rinces.

Les parfums mélangés de ma peau savonnée et des crèmes embellissantes m'enivrent doucement. Je resterais bien là, dans la salle de bains de Marie-Claude, à prolonger indéfiniment les gestes de soin, dans l'attente bienheureuse de quelque chose qui ne se produira pas. Allez, Anna, du courage, ça ne durera que le temps d'une soirée. Après tu retrouveras ton lit sous la moustiquaire et la tendresse rassurante de ce fou de Pierre Bézoukhov pour l'adorable Natacha.

Tout est prêt : les canapés alignés dans les plats, les verres posés en rond sur la nappe, nos cheveux tirés, bouclés, illuminés à la brillantine, notre cou parfumé, et nos yeux maquillés. L'épreuve peut commencer.

Au début, je survis. La musique est encore faible, on grappille au buffet, on bavarde plus qu'on ne danse et j'arrive toujours à parler à quelqu'un. Puis les dieux arrivent, ensemble bien sûr, et la blonde splendeur de Danièle Baker éclipse en une seconde nos efforts de mise en beauté. Comment les autres osent-ils encore s'agiter et suer en mesure à côté de tant de nonchalante élégance ?

– Tu danses ?

Ma robe neuve et mes cils charbonnés ont au moins fait de l'effet sur quelqu'un. Le roi de la Mobylette surgonflée, Jeannot Le Pers, jambes courtes mais musculature avantageuse, et bon danseur de paso.

J'aime danser le paso. Mon cavalier apprécie la performance, il ne me lâche plus. Je ne ferai pas tapisserie ce soir. Je ne danserai pas avec Arnaud, d'ailleurs les dieux ne dansent qu'entre eux, avec un flegme distingué à l'opposé de mon numéro de gitane. Mon exploit a dû lui tirer un sourire condescendant, tandis qu'il murmurait des choses charmantes à l'oreille de sa si jolie cousine. Je n'ai pas vu, je m'en fiche. Je suis l'élue de Jeannot Le Pers. Il n'est pas si mal, avec sa gueule de faux dur et ses épaules de déménageur de piano. Merde à la terre entière, je me laisse embrasser et ce soir je rentrerai à la maison dans le vent tiède de la nuit, à l'arrière de sa fracassante Mobylette.

3

– On commence avec la princesse Indirah avouant à la maharanée son attirance pour le beau Jarbal. On sentirait chez la maharanée comme un regret d'amours contrariées et sa détermination à mettre tout en œuvre pour satisfaire sa fille.

– Subtil mais un peu lent. Il faut captiver le spectateur d'emblée : le temple mystérieusement éclairé par la flamme des bougies, Suraya en train de danser et Jarbal qui l'observe caché dans l'ombre.

– Et la séquence avec Indirah, après ?

– Pour qu'on s'attache à Suraya d'abord. On s'inquiétera d'autant plus pour elle ensuite.

On finit toujours par se mettre d'accord. Avec Hélène et Geneviève il n'y a pas de conflit possible. Nous n'avons pas d'orgueil personnel à défendre, nous faisons œuvre commune et chacune y apporte sa part : Hélène l'émotion, Geneviève la logique et moi la tension dramatique. Nous écrivons à tour de rôle, une ou deux scènes, que les deux autres corrigent. Il va nous falloir un petit mois pour venir à bout de notre tragédie indienne.

Je suis remontée à Tana en avion. Le voyage en train est un préambule aux vacances, une sorte de mise en bouche. Le retour est une rupture, il doit être bref. J'ai vaillamment fait face à quinze jours de douches écossaises familiales, j'ai réussi à rester calme jusqu'au huitième et à ne pas me sauver en hurlant quand maman s'est débrouillée pour fondre en larmes au retour du culte de Pâques, lorsque nous étions seules dans la voiture et que les cantiques chantés en chœur m'avaient disposée à la compréhension.

– Nous sommes condamnés à rester ici. Ton père ne passera jamais cet examen.

Papa préfère organiser des régates plutôt que préparer le diplôme d'expert-comptable qui lui permettrait de transférer en France le petit cabinet comptable qu'il a ouvert après s'être violemment séparé de la maison d'import-export indienne qui l'avait attiré à Tamatave. Le patron était une fripouille.

– Je savais que ce Djhillali le roulerait, je l'avais prévenu, mais il ne m'écoute pas. Et maintenant, nous sommes coincés.

Je connais chaque verset de la litanie.

Elle, tout en enseignant l'anglais au collège, s'est inscrite par correspondance pour passer sa licence et entrer dans l'Éducation nationale. Maman pense toujours à l'avenir, elle y pense même tellement qu'elle est incapable de profiter du moment présent.

– Je ne sais pas ce que nous allons devenir.

– On n'est pas encore à la rue.

Papa, dans sa légèreté, a quand même réussi à nous loger, depuis un an, dans une ravissante maison mauresque à deux pas de la mer.

– Pour le moment, mais après l'indépendance !

Avec ce qui s'est passé en Indochine et ce qui démarre en Algérie, on commence à envisager, prudemment, la fin de la tutelle française.

– C'est pas pour demain. Papa a le temps de présenter ce concours.

– À condition de le préparer.

Si je n'ai pas sauté de la voiture au feu du boulevard Augagneur, c'est que le culte de Pâques m'avait vraiment bien disposée. Le dimanche était superbe, j'avais accompagné maman et prié très fort pour que tous ses vœux à elle se réalisent, les miens ce n'était pas la peine, ils n'avaient aucune chance. Je me sentais neuve et propre, donc généreuse.

– Tu ne vois donc pas qu'il ne fait aucun effort !

Peine perdue, elle avait besoin de piquer sa crise.

– Je trouve qu'il travaille beaucoup pour un homme qui ne fait aucun effort. On dirait que tu es incapable de lui trouver des qualités.

Pour qu'elle abandonne son refrain de désespoir, il faut hurler plus fort. Papa préfère partir en brousse démarcher des clients ou filer régater au club.

J'ai passé la deuxième semaine de vacances à m'abrutir de soleil, de mer et à résister aux assauts de Jeannot Le Pers qui voulait m'embrasser dans le cou, puis à la naissance du cou, puis plus bas. Ses baisers n'étaient pas désagréables, surtout sur la plage le soir, mais vraiment je n'avais pas envie de le laisser descendre plus bas. Pas lui. Il était temps que les vacances se terminent.

– Bon, conclut Hélène, vous êtes d'accord pour que j'écrive la première scène ?

À moi de concocter la suivante, celle qui révèlera les sentiments de la princesse pour Jarbal. Il faut que je me débrouille pour rendre Indirah à la fois pathétique et dangereuse.

– Alors, mesdemoiselles, cette Andromaque, vous la trouvez comment ?

Nous attendons prudemment avant de prendre la parole. Mme Le Touzé veut des opinions étayées.

– Digne et triste, se lance sans grand risque Valentine Le Borgne.

Racine est un merveilleux exemple de ce que nous ne voulons pas écrire : trois heures pour délabyrinther les sentiments de quatre personnages, notre public fuirait.

– C'est un peu maigre, d'autres traits de caractère ? sollicite Mme Le Touzé.

– Elle est encore éprise de son mari mort et elle est fière de cette fidélité.

On nage dans le panégyrique assommant.

– Elle a de la noblesse et de la grandeur dans son repli sur le passé, achève de gominer Alice Descamps.

C'en est trop.

– Moi je n'aime pas Andromaque.

– Ah !

Le sourcil de Mme Le Touzé s'est relevé en accent circonflexe.

– C'est une femme froide qui se drape dans

ses souvenirs pour masquer son vide intérieur.

– Tu me sembles bien catégorique Anna, s'amuse Mme Le Touzé.

– À aucun moment, ses simagrées ne m'ont convaincue. C'est une mijaurée qui joue à la grande dame. J'aime mieux Hermione.

– Je suis bien d'accord.

La classe se retourne d'un bloc. C'est la première fois que Fanja exprime une opinion personnelle. Elle a rougi, c'est-à-dire foncé un peu, confuse de s'être dévoilée.

– Voyons Fanja, explique-nous ton point de vue, encourage Mme le Touzé enchantée de la polémique.

– Eh bien…

Fanja a du mal à continuer.

– … Hermione est vivante et Andromaque est glacée. Hermione hurle, elle se débat, elle souffre. Andromaque, à côté, est juste une belle statue.

Comme Danièle Baker, qui passe avec indifférence devant ses admirateurs éblouis. Fanja m'ouvre des perspectives sur la pertinence de Racine.

– C'est tout à fait ça, j'insiste, une statue à la gloire d'Hector qui autrefois l'a honorée de son amour : « Ah laissez-moi me réfugier dans mes draperies de veuve ! » Sans draperie, il n'y a plus d'Andromaque.

– Mais, elle est prête à mourir pour rester fidèle à son époux, me renvoie Mme Le Touzé en essayant de rester neutre.

– Elle n'a pas le choix. Sinon on découvrirait la supercherie. Andromaque doit mourir statufiée. Il ne lui vient jamais à l'idée de venger Hector en assassinant Pyrrhus.

– C'est Hermione qui tue, affirme Fanja, parce que ses sentiments à elle sont puissants.

– Je vois que vous êtes mûres pour un devoir, conclut Mme Le Touzé. Pour vendredi prochain, vous me traiterez le sujet suivant : *Laquelle des deux aime le mieux : Andromaque ou Hermione ?*

Une vague de protestations parcourt la classe. Pour supporter le blâme, nous nous sentons plus fortes à deux. Et depuis le temps que j'ai envie de savoir ce que cachent les énigmatiques yeux fendus de Fanja, je ne vais pas rater l'occasion.

– Je suppose que les timorés et les mous, comme Oreste, tu détestes ?

– Absolument.

– Moi aussi.

Enfin, dans les livres. Parce que dans la réalité, je fais largement partie des timorés. Mais pas des mous. Fanja, toute en muscles tendus, ne doit être ni des uns ni des autres.

– À part Hermione, qui admires-tu ?

– Magellan, parce qu'il a risqué sa vie pour prouver qu'il avait raison.

Cette prédilection pour les passionnés jusqu'au-boutistes ne m'étonne pas de Fanja.

– Il y a beaucoup de héros comme ça dans vos contes ?

– Tu t'intéresses à nos contes ?

– Qu'est-ce que ça a de bizarre ? Tous les pays en ont. Mais sur les vôtres je n'ai trouvé aucun livre. La seule légende que je connaisse est celle des *mpaka fo*, ces morts-vivants qui errent la nuit dans les villages à la recherche de victimes.

– Qui t'a raconté ces âneries ?

– Séraphine, la nénène de mes petites sœurs.

– Une Betsimisaraka superstitieuse ! crache Fanja avec mépris. Tu crois n'importe qui.

– Pourquoi, les Betsimisaraka sont très crédules ?

– Des paysans illettrés !

Je me doutais qu'il y avait pas mal d'orgueil dans la réserve de Fanja. Ce n'est pas pour me déplaire, mais par goût de la contestation, ou peut-être pour la faire sortir de ses gonds et l'empêcher de se replier dans sa coque de silence, je lance :

– Pas tous. Elisa est bien betsimisaraka.

– À moitié seulement, sa mère est mérina.

– Où est la différence ?

Malgré mes lacunes sur la vie de ce pays, je suis au courant de la rivalité entre les Mérina, que je ne distingue pas bien des Hova, avec les ethnies côtières.

– Nous habitons sur les plateaux et les autres autour.

– Ce n'est pas ce qui fait d'eux des paysans superstitieux.

– Ce sont des craintifs, des soumis, qui se prosternent devant l'occupant pour qu'il lui garde une petite place au chaud, comme ce vendu de Tsiranana.

– L'occupant, c'est nous ?

– Tu n'es pas née ici, que je sache ?

Ici, nous ne sommes pas chez nous, et pourtant les Blancs que je connais se conduisent comme si ce territoire – et ses habitants – leur appartenaient, sans l'ombre d'un remords ni d'une inquiétude. Ils y sont si bien. Moi aussi d'ailleurs, sauf que c'est avec eux que je suis mal. Enfin, certains d'entre eux. Je me sens comme doit se sentir Fanja : inexistante, fondue dans le décor. Et je n'ai pas sa fierté pour me redresser. Moi je ne suis pas opprimée, juste négligée.

– Tu nous détestes ?

Les yeux de Fanja ne sont plus qu'une fente fuyante et illisible.

– Je ne sais pas. Certains jours, oui.

– Je comprends.

Ma tristesse doit transparaître dans ma voix.

– Je ne voulais pas te vexer, lâche Fanja du bout des lèvres.

– Tu ne m'as pas vexée, tu as juste réveillé une espèce de honte dont je ne me sens pas responsable. Une barrière dont je comprends mal la nature. En tout cas avec toi.

– Mais pas avec les *ramatoa* que tu croises dans la rue ?

– En France aussi il y a des gens que je me contente de croiser et que je n'ai pas envie de connaître.

– Tu ne les traites pas de moricauds !

– Ici non plus, je crie, outrée.

– Excuse-moi, s'enferme Fanja, mais on est trop loin les uns des autres pour se comprendre.

D'accord elle est malgache, colonisée, je suis française, colonisatrice, mais elle y rajoute un bon peu de masochisme exaspérant.

– Tu ne crois pas que tu exagères ? On était d'accord tout à l'heure sur Andromaque et Hermione, même si on n'a ni la même race, ni la même histoire.

Je suis en train de lui saboter son personnage de reine offensée. Fanja ne sait pas encore si elle doit s'en offusquer ou en rire. Elle choisit d'en sourire et de revenir sur un terrain d'entente : Mme Le Touzé que nous adorons toutes les deux. De Mme Le Touzé nous passons à la directrice que nous haïssons cordialement et je décide de franchir un grand pas en la prenant pour confidente de mes amours impossibles.

– Trop beau, trop séduisant, trop tout. Je n'ai aucune chance.

– Tu ne te sous-estimes pas un peu ? Côté charme et vivacité d'esprit, tu pourrais en remontrer à beaucoup.

Le compliment est de taille, Fanja chercherait-elle à réparer sa maladresse de tout à l'heure ?

– Pour qu'il s'en aperçoive, il faudrait le rencontrer plus souvent. Ma famille d'accueil ne va jamais au Sport Club où il est toujours fourré.

– Tu fréquentes les gens du Sport Club ? crache Fanja, ce sont les pires.

– Les pires quoi ?

– Snobs, méprisants, profiteurs !

Les dieux ne sont pas snobs, ils sont juste différents.

– Tu ferais mieux de t'intéresser à quelqu'un d'autre, insiste Fanja.

– Les autres sont parfaitement inintéressants.

Hélène, que n'effleurent ni la jalousie ni l'envie, s'amuse de mon long conciliabule avec Fanja.

– Elle se barricade comme si nous étions une menace.

– Normal, elle est mérina. On a pris leur place à la tête de ce pays. Ils ne nous le pardonnent pas.

– Joséphine et Sabine aussi sont mérina, mais elles sont moins verrouillées que Fanja.

– Ce sont des Hova, pas des Andriana. Elles n'appartiennent pas à des castes nobles.

– Fanja si ?

– Je crois. Pas de la dernière famille royale, mais de ceux qui en sont proches.

Fanja, princesse déchue ! Ça explique bien des choses.

4

À l'intérieur de l'internat, avec nos blouses bleues toutes pareilles, on ne se préoccupe guère de notre apparence. L'arrivée du week-end déclenche un grand branle-bas d'attifage.

– Tu me prêterais ta jupe verte cette semaine ?

– J'ai pas de chaussures pour aller avec ma robe rouge.

– Mes ballerines, ça t'irait ?

Les ballerines sont le must du charme à la Bardot.

– Ça va mon Rimmel ?

Pour obtenir un regard ombré à la Rita Hayworth, il faut cracher un bon coup sur la pâte magique et mélanger avec la brosse. La salive est nettement plus onctueuse que l'eau du robinet. Marie-Odile, notre beauté blonde et sportive très prisée des garçons du lycée Gallieni, est passée maîtresse dans l'art de faire de ses cils clairs de langoureuses balayettes. Marie-Odile est notre étalon séduction.

Mes essais bavent toujours un peu sur les joues que je frotte ensuite énergiquement pour ôter les dégâts, ce qui me donne des pommettes de paysanne normande sous un œil de préposée au harem. Avec la jupe verte de Geneviève serrée à la taille dans ma ceinture élastique, mon chemisier blanc bien tiré sur mon premier soutien-gorge et mes claquettes de chez Bata, je me trouve un petit air d'ingénue libertine à l'italienne.

– Tu as toutes tes affaires ?

Un seul regard de Mme Bastien mue mes efforts en mascarade. Il ne veut pas dire « Quelle engeance ! », Mme Bastien a trop de charité pour penser cela. Seulement « Cette enfant est particulière, mais nous l'entourerons d'assez d'affection et de bons exemples pour la ramener sur le chemin du Seigneur ».

Mon sac à la main, je m'efforce d'assourdir le vacarme de mes talons. En arrivant, j'irai me laver la figure.

Les Bastien m'accueillent les week-ends dans leur grande maison de brique à véranda de bois sculpté où s'accroche un large bougainvillier violet. Si je me trouve peu en harmonie avec l'esprit de ses habitants, j'aime bien la maison. La vétusté de son ameublement lui ajoute presque du charme. Comme à celle de mes grands-tantes, dans le Tarn, où les lits aux montants de bois polis et les gros édredons rouges disent autant que ses murs épais, que la bâtisse est un bon refuge. Ce genre de maison est pour moi douce à vivre. Celle des Bastien m'aide à m'adapter à la famille. Je ne m'y sens d'ailleurs pas totalement étrangère. L'âme protestante a dû s'incruster en partie dans les replis de la mienne, mêlée à l'humanisme athée et bon vivant de ma lignée paternelle. Des protestants, j'apprécie l'efficacité et le sens de la responsabilité. Et le fait de s'adresser à Dieu directement, sans intermédiaire, en individus adultes. Chez les Bastien, sur le plan du dialogue avec le Seigneur, je suis servie. Aucun repas sans actions de grâces, aucune veillée sans prière du soir à voix haute.

Mais je déteste les laides sandales de cuir brun qui laissent dépasser des ongles douteux, les robes fanées, les tresses grises et tristes, la nourriture fade et encore plus triste et par-dessus tout, les confessions publiques qui tiennent à la fois du viol et de l'exhibitionnisme. Je m'y suis fait prendre une fois, mais ils n'ont jamais réussi à m'y coincer à nouveau.

En louvoyant entre les écueils, je ne passe pas de si mauvais week-ends. Ils ont quatre garçons bien bâtis, car le sport est une saine activité pour les jeunes mâles, et des tas d'amis qui viennent se joindre aux garçons pour se défouler de part et d'autre du filet de volley qui occupe l'essentiel du jardin.

– Alors Anna, cette semaine s'est bien passée ?

– Pas mal. On prépare la pièce de fin d'année.

Les familles de pasteur aiment les projets de spectacles autochtones. Toute paroisse essaie d'en faire produire aux enfants. Ça occupe et ça apprend à travailler ensemble.

– De quoi s'agit-il cette fois ?

– D'une histoire qui se passe aux Indes, sous les maharadjahs.

Je me garde de décrire la violence des passions qui animent nos héros.

– Tu joueras un rôle ?

– Celui du fourbe, comme d'habitude.

– Ça te plaît ?

– Beaucoup.

Et j'ajoute, pour éteindre l'étonnement que je vois poindre dans les yeux de M. Bastien :

– C'est un rôle de composition.

– Je comprends.

Ce n'est pas à lui que je raconterais combien il est bon d'être un manipulateur sur scène, quand on a tant de mal à s'affirmer dans la vie.

Le volley bat son plein. Je n'ai pas pu refuser de participer, les joueurs n'étant que cinq. Je ne suis pas douée aux jeux de ballon. J'ai les doigts qui se retournent, aucune détente et encore moins de puissance. En me mettant à l'arrière, je parviens à rattraper quelques balles et à les passer aux cogneurs du filet. L'arrivée des fils du pasteur Rabémanantsoa me fournit l'occasion de reprendre ma place de spectateur, d'où je peux opérer un repli discret vers mon livre.

L'antique canapé de rotin de la véranda est un endroit parfait pour lire. Assez loin des hurlements des joueurs, en regard sur le jardin, à l'ombre du balcon du premier et des grappes de bougainvillier, j'y savoure *Les Nourritures terrestres* en cachant soigneusement la couverture sous un revêtement de papier kraft. J'ai sur les genoux un exemplaire de l'*Énéide* pour opérer la substitution en cas d'alerte.

Pour ces moments de grâce sur sa véranda, je resterai reconnaissante à la famille Bastien.

Mollement bercée par le dossier déglingué du canapé, troublée par les ivresses orientales de l'auteur qui ressemblent tant aux effets que cette île a sur moi, je ne les ai pas entendus venir.

La maison est en contrebas de la route. On y accède par un escalier aux larges marches inégales. Les quatre visiteurs sont parvenus à ma hauteur, sous mon nez presque, quand je les aperçois : un homme blanc, rond, de petite taille, au visage bienveillant, un garçon et deux femmes malgaches. Le garçon est déjà absorbé par les exploits des volleyeurs, les femmes viennent directement vers moi.

– Anna, je ne savais pas que tu connaissais les Bastien.

Fanja paraît réellement contente de me voir. Peut-être qu'en dehors du lycée, au milieu d'amis, se tient-elle moins sur la défensive.

– Une camarade de classe, dit-elle en me présentant à la femme qui l'accompagne.

La ressemblance est frappante, mais il y a plus de douceur chez la mère que chez la fille. Très mince, grande pour une Malgache, elle est coiffée et vêtue à l'européenne dans des gris discrets qui me semblent le comble du raffinement.

C'est alors que je reconnais le monsieur : Louis Flamand, un mélange typiquement protestant de théologien et d'ethnologue. Du théologien, il a l'indifférence aux vanités de ce monde et les sandales de cuir brun qui vont avec, et de l'ethnologue un respect des croyances d'autrui et une acuité intellectuelle qui lui ôte l'insupportable angélisme que la plupart des pasteurs portent en étendard, comme le drapeau de leur foi.

Mes parents connaissent bien les Flamand, encore le réseau de maman, mais cette fois papa partage sa sympathie. Moi, j'aime surtout leurs enfants, une tribu de sept, se succédant à un an de différence (portée typiquement protestante), dont les noms commencent par les lettres de l'alphabet correspondant à leur ordre de naissance : de Anne l'aînée, à Grégoire le dernier. Ils sont joyeux, débrouillards et limpides. M. Flamand m'impressionne un peu, comme quelqu'un qui détient la clé de mystères qu'on brûle de connaître.

– Et moi, je ne savais pas que tu connaissais les Flamand, je m'étonne à mon tour.

– Nous sommes voisins, nous habitons à quelques rues de chez eux. Et maman travaille avec Louis depuis longtemps.

Elle appelle M. Flamand par son prénom, ce qui doit traduire une véritable intimité.

– Elle est aussi ethnologue ?

– Spécialiste du *famadihana.*

– Ah !

– Tu sais ce que c'est ?

Difficile d'ignorer le *famadihana*, dont les cortèges de danseurs et de musiciens s'entendent à des lieues à la ronde. Comme les étrangers n'ont pas le droit d'y assister, les Français en parlent avec des airs de supériorité horrifiée.

– Pas grand-chose. Juste que c'est une sorte de fête au cours de laquelle vous sortez vos ancêtres des tombeaux, vous les entourez de *lamba* neufs et vous chantez et dansez beaucoup.

– Coutume de sauvages, hein ?

Toujours cette susceptibilité ! Fanja pourrait changer un peu de registre.

– Si tu crois que les processions interminables

autour du tibia d'un type mort il y a six cents ans sont plus rationnelles !

Le garçon, qui ne nous accordait jusqu'ici aucune attention, semble découvrir mon existence.

– Vous faites ça, vous aussi ? s'étonne Fanja.

Qu'est-ce qu'elle croit ? Les Malgaches n'ont pas le monopole de l'originalité culturelle.

– Pas nous, les catholiques, précisé-je avec une once de mépris.

En parpaillote nourrie aux seuls textes bibliques, j'ai la condescendance sournoise des esprits qui se croient forts pour le cirque à encens et gestuelle ritualisée des cérémonies de l'église de Rome, particulièrement pour celles que j'ai aperçues en Bretagne.

– Si je comprends bien, catholiques ou Malgaches, vous nous mettez tous dans le même sac ? me lance le garçon du coin de la balustrade où il est adossé.

De quoi se mêle-t-il celui-là ? Il ne va pas fiche en l'air mes efforts pour me rapprocher de Fanja.

– Français et Malgaches, je précise agacée. Parmi les Français il y a des groupes différents, comme chez vous. Votre *famadihana* ne se pratique sûrement pas de la même façon chez les paysans betsileo et dans les familles bourgeoises de Tana.

– Tu devrais te méfier d'Anna, Léon, elle n'est pas facile à démonter.

Fanja qui prend ma défense ! Merveilleux.

– Mon frère supporte mal les Français qui prétendent connaître Madagascar parce qu'ils ont partagé une fois un repas ou une cérémonie avec des amis malgaches.

– Moi je ne supporte pas les Malgaches qui considèrent que tous les Français, en dehors des pasteurs, sont des outres gonflées de suffisance.

M. Flamand trouve opportun de couper court à ma diatribe.

– Voyons, Anna, Léon n'a jamais voulu dire ça.

M. Flamand a sans doute raison d'intervenir, mais Léon n'a pas l'air offensé. Il est sûrement plus âgé que nous, je dirai dix-sept ou dix-huit ans. Il a la même mâchoire carrée que Fanja, les mêmes cheveux raides. Plus grand que la moyenne des Malgaches – il doit tenir de sa mère – il paraît aussi plus à l'aise, moins sur la défensive. Mais mon expérience en la matière est limitée.

– Vous venez pour jouer au volley ? demandé-je pour replacer la conversation sur un terrain neutre.

Mon effort de civilité le fait sourire.

– Pas aujourd'hui. Je dois rencontrer un de mes professeurs tout à l'heure, si je me laisse embarquer dans une partie, j'en sortirai hirsute. Et vous, vous jouez ?

– Je n'aime pas beaucoup ça, avoué-je à voix basse, je suis nulle et j'en reviens couverte de bleus, mais certaines fois je ne peux pas refuser.

– Léon, hurle-t-on depuis le filet de volley, tu viens relayer les frères Rabémanantsoa ?

– Vous voyez, je remarque, ici, c'est presque aussi obligatoire que le culte.

Décidément, je l'amuse.

– Désolé, lance-t-il aux joueurs, je ne peux pas rester. Une autre fois.

Ça proteste sec du côté du jardin, mais Léon s'éloigne déjà.

– Si vous venez ici tous les week-ends, j'ai des chances de vous revoir ?

– Sans doute, mais vous n'échapperez pas au volley.

– Quand je n'ai pas besoin de garder ma chemise propre, ça ne me dérange pas. Je n'y suis pas trop mauvais, ajoute-t-il en confidence.

Dommage qu'il s'en aille si vite, dans cette assemblée vertueuse, son humour est revigorant.

Pour compléter les équipes, il ne reste plus que Fanja et moi. Moi je compte pour du beurre, mais Fanja, à elle seule, marque six points. Nous sommes en nage.

– Un morceau de mangue pour te désaltérer ? propose Fanja.

D'un coup de canif adroit, elle coupe les deux joues rebondies d'une grosse mangue parfumée et m'en tend une. Avec un bel ensemble, nous mordons à pleines dents dans la savoureuse chair orange, sans souci du jus qui nous dégouline sur le menton. Puis, avec la même impudeur, nous nous curons les gencives pour en extraire les fibres tenaces incrustées entre nos dents.

J'ai supporté le dîner d'un cœur allègre. Demain sera un beau dimanche. M. Flamand, avant de partir, m'a invitée à le passer chez eux.

« On te prendra à la sortie du culte. Anne va à la piscine l'après-midi, ça te dit ? »

Je n'ai pas osé demander si c'est au Sport Club. Les Flamand ne sont pas des habitués de ce rendez-vous de la jeunesse dorée, mais ils ne le dédaignent pas non plus, de temps en temps.

Le temps est radieux, l'air tiède, l'après-midi sera chaud, je pourrai bronzer, ça me donnera bonne mine. Je frétille, joyeusement calée au milieu de la tribu Flamand à l'arrière de la 2 CV familiale, entre Anne et Bertrand, Grégoire sur les genoux. Je me suis promis de ne pas poser la question, pour ne pas influencer le sort et ne pas embarrasser les Flamand pour le cas où ils auraient prévu une autre piscine. Le destin seul doit décider si je LE verrai aujourd'hui. Mais, après tout, le destin ne s'offusquera pas d'une anodine curiosité.

– On va où cet après-midi ?

– Maman n'a pas le temps de nous conduire jusqu'à Ambohibao, on ira à pied au Sport Club. Ça ne t'ennuie pas ?

Merci Seigneur.

Jamais un déjeuner de dimanche ne m'a paru aussi gai ni une maison aussi accueillante. Chacun ici a sa spécificité : Anne élève des souris, Bertrand joue du violoncelle, Claude est champion de natation cadet pour le district de Tana, David le roi de la pâtisserie, Éloïse fait de la danse acrobatique, Frédéric du ping-pong et Grégoire ne sait pas encore. On a le droit de changer de passion si on s'aperçoit qu'on s'est égaré, mais il faut le justifier sérieusement. Et le partage des chambres est laissé à la décision des occupants, avec là aussi possibilité de rotation. Une telle liberté ne va pas sans une certaine organisation, mais le tableau d'affichage des corvées est tellement barbouillé de ratures qu'il prête à toutes les interprétations. Dans cette maison, la discipline est seulement un objectif, comme pour le chignon gris de

Mme Flamand qui s'effondre sur sa nuque, allergique aux épingles à cheveux.

Ici, mes chaussures claquantes et mon soutien-gorge pigeonnant ne sont même pas remarqués. À la rigueur on me dit :

« Tu n'auras pas mal aux pieds pour marcher jusqu'au club ? »

En me proposant, sans insister, une paire de tennis confortables et éculés.

Nous partons à 15 heures, maillots de bain, serviettes, huile de coco, dans notre *sobika*, où j'ai rajouté mon livre, pour me donner une contenance au cas où personne ne s'intéresserait à moi.

Malgré mes claquettes et la chaleur, je suis heureuse de faire ce chemin à pied. Je n'ai pas si souvent l'occasion de me promener dans Tana. Contrairement à Tamatave qui est une ville de Blancs, construite au cordeau par les Blancs, Tana est une ville malgache dans laquelle les Blancs se sont seulement insérés. J'aime l'étroitesse sinueuse de ses rues et surtout ses volées d'escaliers qui relient une colline à une autre.

Il nous faut un bon quart d'heure, à travers Tsaralalana, le quartier des Flamand plein de vieilles maisons mérina à véranda, puis les ruelles qui contournent la résidence du haut-commissaire, pour atteindre le Sport Club. La balade d'agrément est finie, j'entre en territoire hostile. Rien n'est pourtant plus charmant que ce terrain miné : un jardin fleuri, soigné et arrosé, entourant un club-house avec bar et salons largement ouverts sur la piscine et ses transats de toile verte. Et derrière, à demi masqués par les arbres, les courts de tennis de terre rouge. Les habitués finissent de déjeuner à l'ombre des stores, le bar n'est jamais vide, mais pour les transats et la piscine, c'est un peu tôt. Seuls les enfants s'y ébattent bruyamment. Il faut être béotiens, comme nous, pour s'étaler au soleil en pleine heure de la sieste.

Je m'en fiche, je veux bronzer. Anne s'en moque encore plus, elle est venue pour nager.

Le bien-être physique a cette vertu qu'il peut un moment faire oublier les tensions du cœur. Mollement étendue sur la toile de la chaise longue, engourdie par le soleil, je m'assoupis presque, ne retrouvant un peu d'énergie que pour me barbouiller d'huile de coco qui me fait dorer aussi vite qu'une crêpe dans la poêle. Anne, après un nombre effarant de longueurs enchaînées sans reprendre son souffle, dort profondément dans le transat d'à côté. Les cris des enfants ne nous dérangent même pas.

Et puis les gens commencent à arriver, ma torpeur bienfaisante se dissipe, il faut trouver une contenance. Quelques longueurs de bassin plus tard, je reprends, avec une décontraction complètement factice, mes *Nourritures terrestres* graissées à l'huile de coco.

Mais les paroles du poète expriment avec tant de justesse ce que je ressens confusément sous ce soleil tropical, que je m'y trouve prise malgré moi.

– Anna, qu'est-ce que tu fais là ? Tu as quitté Tamatave ?

Lui ! En chair et en os, pas en rêve, essuyant, d'une serviette négligente, son front brillant de la saine sueur du joueur de tennis. Et il m'a reconnue.

– Je suis pensionnaire au lycée Jules-Ferry.

– Ah ! Ta délicieuse petite sœur n'est pas avec toi alors ?

Ce n'est pas moi qu'il a reconnue, c'est la sœur de Lili. Je ravale ma déception en cherchant désespérément une réponse spirituelle.

– Lili n'est pas encore en âge de fréquenter l'internat. Elle peut se baigner tous les jours, elle.

Il daigne sourire.

– Tu devrais venir plus souvent ici, ce n'est pas aussi agréable que la plage, mais on y est pas mal. Tu joues au tennis ?

– Pas très bien.

– Avec un peu d'entraînement, ça vient vite.

Aucun entraînement ne saura me donner l'aisance d'un semi-anglais né une raquette à la main. Et puis je déteste les jeux de balle.

– Tu joues souvent ? me lancé-je courageusement.

– Tous les soirs. Ça défoule à la fin de la journée. Tu devrais essayer.

Il n'a pas dû enregistrer que j'étais pensionnaire. Ses cousines Baker résident en ville, chez d'autres cousins. Elles ne vont chez les sœurs de Faravohitra que pour les cours.

– Tiens, tu lis *Les Nourritures.* Tu aimes ?

Il s'empare de mon livre sans même un geste pour m'en demander l'autorisation. Il est chez lui, il a un droit de regard sur tout ce qui traîne.

– C'est… c'est enivrant.

– N'est-ce pas ? Même ici, où on est pourtant gorgés de ces nourritures-là, ça donne envie de s'enfuir.

Par quel miracle peut-il ressentir la même chose que moi ? Et le dire tellement bien.

– Fuir n'est peut-être pas l'essentiel. C'est s'ouvrir aux sensations, se débarricader qui est le plus nécessaire.

Son regard devient amusé, un brin ironique. J'ai gaffé, j'ai manqué à la règle fondamentale de l'univers des dieux : humour et légèreté.

– Tu dois être excellente en français.

Autrement dit une bûcheuse sinistre.

– Tu connais ses autres livres ?

À ma grande honte, non. Sauf les titres.

– Ils sont beaucoup moins marrants. À l'occasion je t'en prêterai. On comprend pourquoi il avait tellement besoin de fuir, lui.

Le miracle se renouvelle. Me donnerait-il une seconde chance ? Trop tard. Il a déjà détourné les yeux vers la blonde apparition qui se glisse d'un déhanchement fluide sur les hauts tabourets du bar : Danièle, sa trop jolie cousine, qui m'envoie, de loin, un petit bonjour du bout des doigts.

– Bonne lecture, sourit-il amicalement en rejetant sa serviette sur l'épaule. À une autre fois peut-être.

Le miracle a duré dix minutes, mais enfin, il a eu lieu.

5

Je suis rentrée à l'internat dans un état semi-comateux. À espérer la venue d'Arnaud, le corps tendu vers le soleil pour qu'il me fasse une peau de star californienne, j'ai attrapé une insolation. Et à ressasser cent fois chaque seconde de ces dix minutes miraculeuses, j'ai un peu perdu contact avec la réalité.

Dopée à l'aspirine par Mme Flamand et aux baisers de Grégoire, je plane, incapable, pour une fois, de passer la soirée à raconter mon week-end.

Et puis, je n'ai pas envie de parler. Ce qui s'est passé est si ténu, le décrire le réduirait peut-être à rien. Trois choses plaident en faveur du miracle : il est venu me parler spontanément, il me prêtera des livres, il a dit « À une autre fois, peut-être ». Bien sûr il y a le « peut-être », et sa disparition immédiate dès que sa cousine a pointé ses jolies fesses.

Je passe la nuit à refuser de trancher. Le lendemain, je ne suis guère plus brillante que lorsque Mme Flamand m'a déposée devant le porche du lycée.

– Alors pour cet acte II, qu'est-ce que tu as trouvé ?

J'étais censée en écrire les premières scènes dimanche.

– J'ai complètement oublié.

– Anna, ça ne va pas ?

L'ennui sanctifié d'un week-end chez les Bastien n'aurait jamais dû m'empêcher de me livrer à mon passe-temps favori.

– J'ai été invitée chez Anne Flamand, il y avait beaucoup d'enfants…

– Qui t'ont donné un bon coup de soleil ?

– J'ai aussi été à la piscine.

– Quel dimanche ! soupire Hélène en riant. N'empêche, il faut t'y mettre tout de suite, ou alors tu passes ton tour.

– Pas question. J'aurai fini demain.

Le moment est stratégique. L'acte II doit s'ouvrir par les manigances de la maharanée pour convaincre le maharadjah d'envoyer Jarbal à la tête de ses troupes. Il faut y mettre toute la ruse dont la vieille reine est capable. Je m'y promets des répliques bien perfides, je ne vais pas lâcher le morceau.

– T'inquiète pas, affirmé-je, j'ai déjà la scène dans la tête.

Occupées à nos problèmes d'écriture, nous n'avons pas été assez rapides pour truster la table du fond, la plus proche de la petite fenêtre ouverte sur les quartiers champêtres, en contrebas du lycée. En cas d'ennui pesant, il suffit de tourner la tête pour s'évader. Et il n'y a plus de places côte à côte. Hélène s'installe à la table de Valentine Le Borgne. Il reste trois sièges vides, dont un à côté de Fanja, qui regarde obstinément ailleurs, le visage indifférent. J'hésite. Mais sa mine est trop composée pour être sincère. Fanja joue à la princesse mérina qui n'a pas besoin de compagnie.

– Tu as passé un bon dimanche ?

Hochement de tête affirmatif.

– Et toi ?

C'est dit négligemment, comme si nous nous connaissions à peine, ou que notre rencontre de samedi ne comptait plus. En quoi l'ai-je blessée ? Certes, je n'ai pas couru vers elle à son arrivée dans la cour. Je ne l'ai pas vue arriver, j'étais trop absorbée par Hélène et l'acte II de *La Danseuse sacrée.* J'ai été désinvolte, comme tous les Blancs, qui donnent et retirent leur amitié au gré de leur fantaisie. Les Blancs ne sont pas fiables. Je sens, à travers la peau tendue de Fanja, que chaque parcelle de son être lui crie cela. Pour un moment de distraction, elle exagère ! Je ne rentrerai pas dans son jeu.

– Excellent, dis-je avec un grand sourire candide. Les Flamand sont vraiment gentils. J'espérais te voir d'ailleurs, j'ajoute insidieusement, tu m'as bien dit que tu habitais tout près ?

– … Nous avons eu la visite de mon oncle. Je ne pouvais pas m'en aller.

C'est bredouillé avec assez de confusion pour que je m'estime dédommagée.

– C'était un dimanche magnifique, j'ai même aperçu l'homme de ma vie, lui soufflé-je en espérant qu'elle mesurerait la valeur de la confidence.

– À la piscine ?

Je me contente de hocher la tête.

– J'espère pour toi que tu ne seras pas déçue, murmure Fanja tout bas car Mme Le Touzé commence à regarder de notre côté.

Son ton est chaleureux. Elle ne m'en veut plus. Je souhaite seulement qu'elle manque de lucidité.

Je passe la récréation de midi, celle de 16 h 30 et toute l'étude à écrire. Les scènes 1 et 2 sont presque terminées. Geneviève et Hélène sont satisfaites, elles ne proposent que quelques corrections de détail.

Marie-Odile, à qui est dévolu d'emblée chaque année le rôle de jeune première, est impatiente de savoir à quelle sauce on l'a assaisonnée cette fois.

– Une danseuse sacrée…

– Bien !

– Il faudra te procurer un sari…

– Ma famille d'accueil a une amie indienne.

– … Et peut-être te teindre les cheveux en noir.

– C'est indispensable ?

Est-ce une jalousie rentrée pour sa masse de cheveux blond miel qui nous a soufflé cette proposition mesquine ?

– Pas forcément, on verra.

Notre dortoir n'est pas très grand. Il y a moins de quatrième et troisième à l'internat que de sixième et cinquième. Quant aux plus âgées, elles ont droit à des box. Nous sommes assez bien placées, tout en haut, au-dessus des bureaux, au calme et avec la plus jolie vue. C'est le dortoir le plus convoité, on y a un peu le sentiment d'être en famille, en grande partie à cause de la gentillesse de Mme Houareau, notre surveillante, une Réunionnaise placide et gourmande, qui se sent plus une âme de mère poule que celle d'un garde-chiourme.

– Les filles, il va être 22 heures, dépêchez-vous.

– On a presque fini.

En tailleur sur mon lit, un atlas sur les genoux en guise d'écritoire, je finis la scène 2. Hélène et Geneviève relisent, un crayon à la main, sur le lit d'à côté.

– J'espère que vous nous ferez encore pleurer cette année.

– On essaie, on essaie…

Courbée sur mon ouvrage, l'estomac sans doute comprimé par ma position, crispée par la tension de la création, j'ai soudain l'impression d'un mal au cœur qui monte, comme sur un bateau soulevé par une longue houle.

Mon lit se met à tanguer doucement, le rideau de la penderie à se balancer d'avant en arrière, très lentement, comme si quelque géant invisible s'amusait à incliner et redresser le meuble, trois verres à dents se brisent sur le carrelage de la salle de bains et une valise glisse du haut d'une étagère jusqu'à basculer et tomber entre deux lits avec fracas. Alors seulement nous nous mettons à crier. La sonnerie d'alarme se déclenche en même temps que nos glapissements.

– Il faut sortir, nous crie Mme Houareau, ça peut recommencer.

– C'était un tremblement de terre ? demandé-je atterrée.

– Et un beau. Enfilez n'importe quoi de chaud sur vos chemises de nuit, des chaussures et descendez le plus vite possible. Les autres secousses peuvent être plus fortes. Vous filez dans le parc, sur le terrain de sport, le plus loin possible des bâtiments. Dépêchez-vous.

En fait je n'ai pas peur, je suis seulement encore étourdie par l'étrange flottement de notre lourd lycée de pierre et de brique et obsédée par l'idée d'emporter la seule chose irremplaçable : le texte de notre pièce de théâtre.

En une minute les couloirs silencieux et les dortoirs déjà éteints s'emplissent des piaillements des petites surexcitées : si le lycée pouvait s'effondrer pour de bon, quelles vacances !

– En scène 3, continue Geneviève qui n'a pas lâché le fil de notre œuvre, le maharadjah informe Jarbal de sa mission et de la récompense qui l'attend s'il revient vainqueur. Malgré sa soumission, on doit deviner la révolte de Jarbal.

– On pourrait s'offrir un beau monologue, dans le genre *Ô rage, Ô désespoir.*

– Ça risque d'être très chiant.

Nous n'arrivons décidément pas à copier les classiques.

– Après toute cette froideur implacable, il nous faut un grand moment sentimental. Un truc à faire pleurer madame Houareau.

– Une scène d'adieux entre Suraya et Jarbal.

Autant profiter de la liberté qui nous est octroyée par la colère de la terre pour avancer nos petites affaires. Et puis nous ne sommes pas mécontentes de jouer aux femmes de tête qui ne se laissent pas affecter par un séisme, d'amplitude sans doute pas supérieure à cinq.

La nuit est fraîche et étoilée. Au bout d'une heure, les sixième sont gelées malgré les couvertures dont les surveillantes les ont enveloppées, les cinquième courent dans tous les sens pour se réchauffer, les grandes protestent et nous commençons à avoir sommeil. La directrice juge que le risque d'autres secousses est passé et qu'il est temps de nous renvoyer dans nos lits. Certaines se sont mises à tousser avec frénésie pour essayer d'obtenir un envoi à l'infirmerie, c'est-à-dire une journée de congé.

La directrice, son long cou maigre dressé au-dessus de son col châle comme un gypaète aux aguets, surveille l'écoulement du troupeau sous le porche reliant le parc aux bâtiments. Nous trouve-t-elle plus excitées que les autres, ou s'inquiète-t-elle plus particulièrement de l'effet du séisme sur notre dortoir, le plus haut perché du lycée ? Nous avons à peine fini de grimper l'escalier qu'elle pénètre chez nous.

Sa visite est l'événement que nous redoutons le plus. Sans le moindre égard pour notre intimité, nos secrets et notre pudeur, elle soulève les rideaux des penderies, fouille les tables de nuit, inspecte les placards et les trousses de toilette. Il lui arrive même d'ouvrir les lits.

On peut lui faire confiance pour dénicher le rouge à lèvres interdit, le parfum emprunté à une sœur aînée, les journaux intimes planqués sous les matelas et les livres suspects. Généralement, la visite est annoncée, et Mme Houareau offre généreusement l'asile de son placard pour nos articles à risque, le temps de l'inspection.

Cette fois, non seulement on n'a rien pu cacher,

mais les secousses ont jeté à terre le contenu des tables de nuit. La directrice doit lever les pieds pour ne pas marcher sur nos trésors.

Agglutinées les unes contre les autres dans un silence terrorisé, nous attendons la sentence, qui ne sera pas tendre.

En ramassant le troisième bâton de rouge, elle se contente de pincer les lèvres et d'annoncer que nous ne les récupérerons qu'aux vacances. Elle néglige les boîtes de Rimmel, les parfums de pacotille dont nous adorons les flacons tarabiscotés.

– Mon cahier ! me souffle Hélène, blanche comme sa chemise de nuit.

Son cahier secret, celui dans lequel elle transmute tous les moments de sa vie en poèmes, s'étale en plein milieu de l'allée. Mme la directrice, qu'avec le recul du temps je soupçonne de sadisme et de voyeurisme, le saisit d'un geste rapace. Hélène se réfugie au creux de mon épaule. Elle ne veut pas regarder.

La directrice ouvre au hasard et parcourt.

– Très bon choix, dit-elle, où les avez-vous trouvés ?

– Dans… dans… des anthologies, murmure Hélène au bord de l'évanouissement.

– Voilà une initiative intelligente, conclut notre implacable juge, en rendant le cahier à Hélène.

Je me mords les lèvres pour ne pas éclater de rire. Je mets deux secondes à déchanter. Mon lit jouxte celui d'Hélène, et juste à côté de son cahier se sont répandus au sol mes *Nourritures terrestres*, *Claudine à l'école* et, horreur suprême *Tropique du Capricorne* d'Henry Miller, un auteur américain que je ne connaissais pas, mais maman l'avait jugé si

« indécent » que je n'avais pas résisté à l'envie de l'emporter à la fin des vacances.

– À qui sont ces livres ?

Le ton, cette fois, est glacial. Inutile de tergiverser, je serai de toute façon découverte et la sentence serait pire.

– À moi.

– Où les as-tu trouvés ?

– Je les ai rapportés de chez moi.

– Si tes parents laissent traîner ce genre de textes, c'est leur affaire, mais ici, il n'en est pas de même. Madame Houareau, comment se fait-il que vous ne m'ayez pas signalé une entorse aussi grave au règlement ?

Mme Houareau ne parvient même pas à bafouiller.

– Je les avais cachés sous mon matelas, dis-je précipitamment.

Il ne s'agirait pas que, dans sa furie, elle nous retire la généreuse Mme Houareau. Et puis au point où j'en suis, un peu plus ou un peu moins d'insubordination n'y changera rien.

– Tout ceci est très grave. Je vais être obligée d'en référer au conseil de discipline.

Jamais, je crois, je n'aurais droit à un tel courant de sympathie que celui qui parcourt en une seconde l'assemblée tétanisée de mes compagnes de dortoir.

– Je confisque ces ouvrages, bien entendu. Et je me dois d'en avertir tes parents.

La récolte a été suffisante. Ses trophées sous le bras, Mme la directrice se retire de notre perchoir.

Le silence se prolonge un moment, puis elles se ruent sur moi, chaleureuses et compatissantes.

– Au pire tu seras blâmée.

– Pas sûr que ça lui suffise. Le Gide et le Colette, encore, ils ne sont pas trop explicites. Mais l'autre, c'est carrément de l'incitation à la débauche.

Si je ne l'ai pas lu en entier, les passages parcourus ne laissent espérer aucune clémence de la part du terrible tribunal.

– Tu risques une exclusion, avoue Mme Houareau navrée.

– Définitive ?

– Non, je ne pense pas. Il n'y a pas récidive, et tu es bonne élève. Tu en seras quitte pour trois jours.

– Que vont dire tes parents ?

C'est ce qui tracasse le plus mes compagnes de chambrée. Moi pas. Je parie presque que ça fera rire papa. Maman en soupirera : « Elle exagère. »

Le vrai problème sera où me caser. Il n'est pas sûr que les Bastien puissent m'accueillir si longtemps. Ils veulent bien se serrer une nuit pour me laisser une chambre, mais quatre ou cinq, si je dois enchaîner sur le week-end, c'est un peu trop leur demander.

Le conseil de discipline est quand même très désagréable. Je dois rester debout, seule devant quatre professeurs, la surveillante générale et la directrice, assis en arc de cercle autour de moi, me posant à tour de rôle des questions d'une affreuse indiscrétion. Mon âme d'hérétique sent remonter en elle des souvenirs d'inquisition. Ça me dope. Je n'ai pas à trembler devant tant de mesquinerie. Les abominables, les fouilleurs de secrets ce sont eux. Moi j'ai seulement l'esprit curieux.

Réconfortée par l'assurance de ma supériorité, je suis prête à marcher au supplice la tête haute, mais aussi à tricher en toute bonne conscience pour éviter la peine maximale. Les minorités opprimées doivent se débrouiller pour survivre.

– Qu'est-ce qui t'attire dans ces livres ?

– Celui de Colette est drôle et poétique. Elle a de l'humour et sait présenter les faiblesses des adultes avec lucidité et gentillesse en même temps.

– Et puis ?

Cette grosse truie de Mme Lefébure ne me fera pas prononcer une syllabe sur le régal que m'a causé la perversité de Claudine.

– Il est très bien écrit. Les descriptions de la campagne en particulier.

J'ai réussi à écarter le piège Claudine, ils ne peuvent pas m'y pousser plus avant sans tomber eux-mêmes dans l'obscénité, la directrice juge bon de changer de cible.

– Et *Les Nourritures terrestres*, quel intérêt y trouves-tu ?

– C'est un poème. Il donne des envies de voyages, les descriptions font souvent penser aux paysages d'ici, aux parfums de certains fruits, aux journées de la saison chaude…

Ce sont eux qui m'ont appris à torcher un devoir de français dans le sens de la question. Ils ne vont pas se plaindre que j'aie bien assimilé mes leçons.

J'ai droit à un éclair amusé dans les yeux obliques de Mme Le Touzé. Elle doit être métisse ou quarteronne chinoise, et sait donner à son visage l'impassibilité nécessaire. Mais parfois, son sang français laisse filtrer fugitivement ses sentiments. Mme Le Touzé n'est pas très contente d'être là, mais elle ne se fait pas de souci pour moi. Ça se sent, et ça me donne la force et l'habileté de louvoyer entre les questions pièges.

– Et ce *Tropique du Capricorne* ?

Là réside le vrai danger. D'ailleurs la directrice n'a pas voulu se salir la bouche en en prononçant le titre. Elle a laissé cette basse besogne à la grosse Lefébure.

– Je ne sais pas, je ne l'ai pas encore lu.

C'est la seule défense possible.

– Alors pourquoi l'as-tu choisi ?

– À cause du titre. On est bien sous le tropique du Capricorne ? Je me suis dit que j'en apprendrais plus sur la vie à Madagascar ou dans des régions qui y ressemblent.

L'argument est imparable, si je parviens à garder un air sincère jusqu'au bout.

– Quelqu'un a bien dû t'en parler ?

– Personne. Il était dans la bibliothèque de mon père. Je l'ai emporté au moment de partir.

– Sans avertir ton père ?

– Il était en tournée en brousse. De toute façon, il se doutera bien que c'est moi qui l'ai. Il n'est pas perdu.

Mme Le Touzé a choisi de regarder ailleurs. Sinon, elle risquerait d'être prise en flagrant délit d'hilarité.

– Tu te rends compte de ce que tu as fait ?

Les questions sont finies. Les vautours ont eu leur ration.

– Maintenant, oui, dis-je la mine basse. Je suis désolée.

Ils n'en obtiendront pas plus, mais ça leur suffit.

– Nous sommes obligés de sévir, tu le comprends. Je ne tiens pas à ce que cela se reproduise. Tu vas aller attendre à côté pendant que nous délibérons.

6

J'ai eu mes trois jours d'exclusion. Prévenus par Anne, les Flamand ont proposé que je les passe chez eux. Je me suis gardée de siffloter trop joyeusement en remplissant mon sac.

La maison Flamand vide d'enfants est étrangement calme. M. Flamand a levé le nez de ses papiers pour m'accueillir, et y a aussitôt replongé, Mme Flamand a disparu dans la cuisine. Je n'ai rien à faire, sauf la version d'Ovide qu'on m'a donnée en punition et qui attendra bien la fin de ce séjour. Installée sur le lit d'Éloïse, dans la chambre d'Anne, je feuillette vaguement de vieux numéros de *Tintin*. Plus de cours, plus de cloche, plus personne avec qui bavarder. Toute l'agitation qui m'habite en permanence s'écoule de moi comme d'un récipient débondé. Le soleil du matin entre à flots par la fenêtre. Je m'engourdis d'aise.

Je suis réveillée par un bruit de casseroles, des odeurs de cuisson, et l'envie de réaliser quelque chose de concret, avec mes mains.

« Une tarte, tu saurais ? »

Les seuls moments de bonheur partagés avec maman, sans arrière-pensée, sont autour de la cuisine. Sans doute parce que pour elle, ce n'est pas un enjeu. Quand elle n'a rien à prouver, maman peut être encourageante, pédagogue et gaie. Mme Flamand n'attache pas plus d'importance que maman à la réussite réelle des plats. Pourvu qu'ils soient mangeables, c'est très bien. Mes tartes sont donc parfaites, et ma félicité totale.

Le soir, je perds une partie de mikado contre Grégoire, et deux autres de Monopoly contre Bertrand et Claude. Puis, quand les plus jeunes sont partis se coucher, je regarde Mme Flamand tricoter en écoutant M. Flamand me raconter la légende de Rabé et Andria, qui ne pouvaient pas avoir d'enfant et en ont finalement eu un terrifiant. Les légendes malgaches ne sont pas des contes de fées, mais des histoires féroces qui finissent mal.

Les bûches d'eucalyptus éclatent dans la cheminée, répandant leur légère odeur camphrée. Ce soir, la vie est douce et bonne.

– Anna, qu'est-ce que vous faites ici ?

Le frère de Fanja est entré immédiatement après avoir frappé, comme s'il était attendu. Je suis seule dans la maison à peiner sur le texte d'Ovide, pas coiffée, un gros pull-over enfilé sur mon pyjama, absolument pas présentable.

– J'ai été renvoyée trois jours du lycée. Pour lectures subversives.

– Je me disais aussi que vos persiflages dénotaient une nature aventureuse.

– N'exagérons pas, je suis juste un peu curieuse et notre directrice particulièrement étroite d'esprit. Vous venez voir quelqu'un ?

– Louis. Nous avions rendez-vous ce matin.

– Il est parti à la poste, il ne va pas tarder. Vous pouvez l'attendre dans son bureau.

Il faut que j'arrive à l'installer quelque part pour filer me changer.

– Vous ne semblez pas trop traumatisée par cette exclusion, continue Léon comme s'il n'avait pas entendu ma proposition.

Je tire discrètement sur mon pull pour cacher ma veste de pyjama.

– Chez les Flamand, ce serait difficile. En prime, j'ai échappé à la composition de maths.

– En somme c'est une punition cadeau ?

– S'il n'y avait pas un bout des *Métamorphoses* à traduire, ce serait parfait.

– Il me semble que vous cumulez les coups de chance. Je crois avoir vu une traduction dans la bibliothèque de Louis.

Avec l'assurance d'un habitué, il pénètre dans le bureau de Louis Flamand et se dirige sans hésitation vers l'angle gauche de la grande bibliothèque de planches et de briques qui occupe un mur et demi de la pièce. L'Ovide est serré tout en bas entre une *Odyssée* et deux versions grecques de la Bible.

– En dehors d'Ovide, à quoi occupez-vous ces vacances ?

– À rien. À rêver, à confectionner des tartes, à jouer avec les petits… à me laisser vivre. Un vrai scandale !

Je n'ai même pas à inventer de scènes pour *La Danseuse sacrée* avant qu'Hélène et Geneviève aient pondu les leurs.

– Le seul point noir, ce sont les cours à rattraper, mais Fanja m'a promis ses cahiers.

Nous nous sommes arrêtés devant la fenêtre. Dehors, le jardin en fouillis joyeux ressemble à la tribu Flamand.

– Fanja m'a dit que vous écriviez une pièce de théâtre.

– C'est très amusant. Je dois jouer la mauvaise reine.

– Amusant ?

Il est surpris.

– J'imaginais qu'il était difficile... de créer des personnages, de les faire parler conformément à leur caractère, de prévoir leurs réactions...

Il va me donner des complexes. Nous ne nous sommes jamais posé ces questions. Les personnages nous semblent exister par eux-mêmes dès qu'on les a conçus.

– Vous savez, on ne fait pas un travail d'intellectuel. Pour nous, c'est comme un jeu.

– Mais un jeu qui marche. Il paraît que vous avez eu beaucoup de succès l'année dernière.

Meurtre à l'Escurial a été une réussite, grâce au sombre machiavélisme du personnage du roi dans lequel nous avions fourré pêle-mêle tout ce que nous savions de Philippe II, de Richard III et du docteur Moriarty, l'implacable ennemi de Sherlock Holmes. Le mélange roman historique et série noire a beaucoup plu à notre auditoire.

– C'est à cause de l'intrigue…

– Vous ne vous minimisez pas un peu ?

Le plus étonnant est qu'il n'a pas l'air de blaguer. Moi qui essaie désespérément de me mettre en valeur à coup de Rimmel et chaussures à claquette, comment peut-on dire que je me minimise ?

L'arrivée de la poussive 2 CV des Flamand dans le jardin me dispense de chercher une réplique à son embarrassante question.

– Désolé de ce retard, crie M. Flamand depuis la porte d'entrée, la queue au guichet était interminable.

– Je me suis permis de montrer votre Ovide à Anna. Je crois qu'elle a une traduction difficile à rendre en rentrant au lycée.

– Tu as bien fait, rit M. Flamand. Alors, cette retransmission, pas trop pénible ?

Léon lui tend un cahier qu'il tenait à la main.

– On ne comprend pas toujours ce que les gens disent, j'ai dû réécouter la bande plusieurs fois.

M. Flamand feuillette le cahier, s'arrête de temps en temps pour lire une page. Il a l'air content.

– Tu m'as gagné beaucoup de temps. Ce sont des interviews enregistrées sur magnétophone, m'explique-t-il, des gens qui m'ont raconté comment on plaçait les ouvertures, le mobilier, les objets domestiques dans une maison.

– C'est important ?

– Pour les Mérina chaque point cardinal a un sens symbolique qu'il s'agit de respecter.

– Il a fallu ce travail pour que je comprenne pourquoi les portes de nos anciennes maisons sont toujours à l'ouest et les lits à l'est, avoue Léon.

– La tête placée à l'angle nord-est, du côté du tombeau des ancêtres. Il serait malvenu de leur présenter les pieds, ajoute en riant M. Flamand.

Puis il reprend le cahier et en discute plusieurs passages avec Léon, me gratifiant au passage d'une rapide explication pour que je ne me sente pas mise à l'écart. Mais l'essentiel de l'échange est entre eux.

– Tu vois que la culture mérina est encore vivante, conclut amicalement M. Flamand.

– Plus tant que ça puisque vous vous empressez de la recueillir pour la conserver.

– Pas pour la conserver, pour la comprendre, proteste M. Flamand.

– Vous êtes bien le seul Blanc à y trouver de l'intérêt.

– D'abord, c'est faux, j'ai plus de lecteurs que tu ne crois, se moque gentiment M. Flamand. Et puis que t'importent les Français, ils ne seront pas ici éternellement.

– Honnêtement, vous croyez que les gros planteurs et les maisons de commerce accepteront de partir un jour ?

– Pas de bon gré bien sûr, mais ça me semble inéluctable. Et il faudra à ce moment-là des hommes de qualité pour s'occuper de ce pays, ajoute-t-il en prenant Léon par le bras.

C'est un geste beaucoup plus paternel que simplement amical. Léon finit par retrouver le sourire.

– Et vous, Anna, vous avez aussi cette certitude ?

Je dois devenir rose vif. Je n'ai jamais réfléchi à cette question, jamais envisagé cette île autrement que comme l'écrin de ma vie et de celle de ma famille, un lieu où le nomadisme de papa nous a entraînés pour nos bonheurs et nos malheurs, mais jamais comme un territoire ayant une histoire, un destin propre lui aussi.

– Je n'en sais rien, avoué-je confuse, en fait je ne connais pas grand-chose de Madagascar.

– Il va falloir y remédier, dit M. Flamand en m'entourant les épaules de son bras libre. Si nous allions discuter tranquillement du contenu de ce cahier autour d'une tasse de café. Tu nous préparerais ça, Anna ?

Ni lui ni Léon ne semblent avoir remarqué que j'ai l'air de sortir du lit.

Je passe l'après-midi avec Ovide pour donner à mon devoir l'aspect maladroit d'une traduction scolaire puis je me plonge dans *Le Comte de Monte-Cristo* mais mon oreille reste aux aguets, espérant la venue de Fanja et des cahiers promis. Plus pour Fanja que pour les cahiers. Mon ignorance, mise en évidence par la conversation du matin, s'est muée en curiosité. Si j'osais, je pousserais la porte du bureau de M. Flamand pour inventorier sa bibliothèque, je suis sûre d'y trouver tout ce que je veux pour combler mes lacunes. Mais M. Flamand travaille et je ne me sens pas assez familière de la maison pour le déranger. À défaut, je me promets de bombarder Fanja de questions. Cette fois, je viens sur son terrain, demandant à être initiée. Elle ne peut qu'en être flattée, j'imagine, et ôter un peu de son armure. Mais Fanja n'apparaît pas.

Et elle ne se montre pas de la soirée, que je passe,

avec autant de bonheur que la veille, à dérouler et rembobiner des écheveaux de laine et à fabriquer avec Claude et Bertrand un Cluédo amélioré avec des personnages découpés dans les vieux *Tintin.*

Le lendemain à 14 heures, Fanja n'est toujours pas venue. Il ne me reste plus beaucoup de temps pour recopier trois jours de cours, j'ai une excellente raison de me rendre chez elle.

« Les Rakotomalala ? À trois cents mètres plus bas, la maison de brique avec un portail noir », m'explique Bertrand.

Je ne sais pas si la maison est vieille, mais elle est si bien blottie entre les arbres du jardin qu'on a l'impression qu'elle est là depuis toujours. Les murs de briques rousses sont soit griffés par le soleil et le gel, soit lentement envahis par la mousse, suivant l'orientation. La façade n'a pas dû être toilettée depuis longtemps. Une dentelle de bois découpée court tout le long de la véranda du premier étage, comme sur les wagons du petit train des vacances. Il n'y a ni cloche ni sonnette à côté du portail qu'il suffit de pousser pour entrer.

Le jardin, par contre, montre que quelqu'un prend soin de le rendre avenant. Une haie de bambous en tapisse le fond, un grand bougainvillier rouge sombre est palissé contre le pignon et une petite bande d'asters bleu lavande semble conduire le visiteur jusqu'à l'entrée.

Aucun bruit ne sourd de la maison. Malgré le charme accueillant du jardin, je me sens intruse. Cet endroit ne veut pas être dérangé. Mais je suis arrivée devant la porte et j'ai besoin des cahiers. Dans le silence, la petite cloche fait un bruit d'enfer. Un pas rapide dégringole un escalier.

– Anna, tu n'aurais pas dû te déranger, je viens de finir de mettre mes cahiers au propre pour te les apporter.

Fanja me sourit, mais c'est de pure politesse. Je n'ai pas l'impression que ma présence sur son palier l'enchante.

– Il est bien normal que je me déplace, affirmé-je aussi hypocritement qu'elle. Il y a des choses compliquées ?

Maigre ruse pour l'empêcher de me remettre le paquet dans les bras en me poussant dehors. Je veux qu'elle prenne le temps de m'expliquer, matière par matière, donc que nous étalions les cahiers sur une table, donc qu'elle me fasse entrer. C'est la première fois que je mets les pieds dans une maison malgache, si l'on excepte la case de Séraphine à Tanambao, le quartier indigène de Tamatave.

La disposition des pièces ressemble beaucoup à celle des Bastien : une cuisine, une salle à manger, un salon sans doute, en enfilade le long de la véranda, mais les portes-fenêtres sont closes. La maison est plus sombre et plus fermée sur elle-même, et surtout l'odeur est différente. Chez les Bastien ça sent le vieux papier, la soupe et la poussière, chez mon grand-père préféré, l'encaustique et les rues de Paris, celle-ci a une sorte d'acidité qui m'est étrangère.

Fanja me précède à la salle à manger, sur la table de laquelle sont empilés ses cahiers. Les chaises droites bien rangées autour de la table de bois sombre, le vase de cristal au milieu, le buffet assorti, tout aussi sombre et lourd, ressemblent à un décor pour recevoir des visites. Le peu que je vois de cette maison n'est pas très vivant, ni très habité.

– En physique, on a commencé la diffusion de la lumière…

Fanja tourne les pages, explique clairement, ajoute les exercices résolus en cours, c'est une impeccable transmission d'informations. Rien à redire, sauf qu'elle manque de chaleur.

– Et la composition de maths ?

– Pas trop dur. Mais je n'ai pas eu le temps de t'en recopier les sujets.

– Aucune importance, je n'ai pas l'intention d'y répondre. Il y a eu des commentaires sur mon absence ?

Ça m'intéresse beaucoup plus que les leçons, et puis ça dégèlera peut-être Fanja.

– On t'envie. Alice a même insinué que tu l'avais fait exprès.

M'étonne pas de cette bégueule prix d'excellence chaque année. J'ai échappé à un 7 ou 8 en maths qui aurait rabaissé ma note annuelle en dessous de la moyenne et m'aurait placée sous la menace d'un examen de contrôle en septembre.

– Et tout le monde veut savoir quels livres on a trouvés dans ta table de nuit.

Cette fois Fanja sourit. Mais elle n'insiste pas. Elle a envie que je m'en aille, c'est clair.

– Et bien merci, je te rapporte tes cahiers dimanche soir avant de rentrer au lycée.

– Ne te donne pas cette peine, j'irai les chercher chez les Flamand.

Décidément, je ne suis pas *persona grata* dans cette maison. On ne force pas les gens à l'amitié. Je prends les cahiers dans mes bras et me dirige vers la porte, qui s'ouvre à la volée.

– Je vois que les vacances touchent à leur fin, lance la voix gouailleuse de Léon en contemplant mon fardeau.

Lui ne semble pas gêné de me trouver sur le pas de sa porte.

– J'espère que ce sera vite recopié, soupiré-je.

– Ovide, c'est fini ?

– Grâce à vous ça n'a pas été trop pénible.

Fanja se tient à côté de lui, raide et silencieuse comme une sentinelle. Mais Léon ne doit même pas la remarquer.

– Vous avez trouvé chez Louis de quoi satisfaire votre curiosité sur notre île ?

– Je n'ai pas osé le déranger. Il a travaillé dans son bureau toute la journée.

– Alors vous êtes aussi ignorante qu'hier ?

– Ben oui.

– Nous allons y remédier immédiatement.

À grands pas décidés, poussant les portes devant lui, Léon s'engouffre dans la profondeur de la maison.

– Vous venez ?

Je n'ai guère le choix, ni l'envie de me défiler, malgré l'hostilité sensible de Fanja. Il suffit de suivre le chemin des portes qui me conduit à travers la salle à manger, un salon aussi bien ordonné et où on a aussi peu envie de s'asseoir, jusqu'à une pièce enfin vivable : une sorte de bureau-bibliothèque avec des dossiers empilés sur une table, des livres disposés en tas un peu partout jusque par terre, et des étagères incurvées sous le poids des ouvrages, cahiers, objets qu'elles contiennent. La pièce est encore sombre pour mon goût, mais l'odeur du papier et de l'encre y remplace la déroutante acidité de la salle à manger.

– Voilà pour le peuplement de l'île, vous y comprendrez beaucoup de choses. Ça c'est pour l'histoire, ça pour l'originalité de la flore et de la faune…

Léon attrape les volumes et les empile sur les cahiers de Fanja.

– Et ça pour les coutumes, il faut bien que vous sachiez quel genre de sauvages nous sommes !

Si Fanja pouvait se raidir encore plus, je crois qu'elle le ferait.

– Vous en lisez le maximum et je vous interroge le week-end prochain.

– Et si la directrice me les confisque pour lectures subversives ?

– Vu le contenu de certains, ce ne serait pas impossible. Vous pourriez peut-être les déclarer en entrant, comme à la douane ?

– Je dirai que c'est un prêt de Louis Flamand. Comme garantie morale, ça devrait suffire.

– Espérons. Et maintenant que je vous ai chargée comme un baudet, je ne vais pas vous laisser repartir seule. Ce ne serait pas galant et vous risqueriez de faire tomber mes livres dans le caniveau.

Sans me laisser le temps de réagir, il s'empare de ma brassée de livres et de cahiers qu'il met gaiement sous son bras, me guidant de l'autre vers la sortie.

– Au travail, mademoiselle Vayssière, vous n'avez plus de temps à perdre.

J'ai à peine celui de remercier Fanja dont le regard sombre nous suit jusqu'à la rue.

7

Le dimanche n'a déjà plus un goût de liberté paresseuse. Entre le recopiage des cours et le repassage de mes vêtements que Mme Flamand a fait laver, le *farniente* est fini. Mais le retour n'est pas triste pour autant. Hélène, Geneviève et la bavarde communauté des internes m'attendent derrière les hauts murs du lycée.

– Alors, tu l'as rencontré ?

C'est la seule question importante.

– Pas moyen d'aller au Sport Club. Personne de la famille n'en avait envie, et seule je ne m'y serais jamais risquée.

À vrai dire, je n'y ai pas sérieusement songé, n'osant pas trop m'exhiber en ville pendant ma punition.

– Et vous, vous avez fait quoi ?

Elles ont surtout écrit, et se réjouissent de me surprendre par leurs trouvailles.

– Il y a aussi une lettre qui est arrivée pour toi vendredi.

L'écriture de papa. Il m'écrit rarement, les longues lettres vivantes et pleines de détails sur la vie de la famille sont toujours de maman. Lui marque les événements : mon anniversaire, des félicitations pour des résultats particulièrement brillants, ou un imprévu. C'est le cas : il monte à Tana pour son travail et passera le week-end suivant avec moi. Il me promet de m'emmener naviguer à Mantasoa.

Je passe la semaine à me faire discrète (inutile de provoquer les professeurs avec mes trois jours de congé), à pondre les scènes 3 et 4 du dernier acte, prélude au dénouement, à me réjouir de la venue de papa et à lire les livres de Léon. Les Malgaches sont un drôle de mélange d'Arabes, d'Africains, d'Indiens et d'Asiatiques, qui a fini par former un peuple avec la même langue, les mêmes croyances et des coutumes assez semblables. Mais le groupe des Mérina, venu de Malaisie, s'est peu mélangé aux autres, ce qui explique les yeux fendus et les cheveux raides de Léon et Fanja. Ils se sont installés au centre de l'île, sur les plateaux, et ont vite dominé le reste du pays sur lequel ils ont fini par régner, jusqu'à l'arrivée des Blancs, les *vazaha*, les étrangers. Nous.

Papa vient me chercher à midi, à la sortie des cours. Mon sac est prêt depuis la veille au soir, je n'ai qu'à grimper le chercher et à sauter au cou du visiteur. Comme d'habitude il sent bon, ses yeux rient du plaisir de me voir.

– Les Lebouteux nous attendent pour déjeuner.

Chez les amis de papa, on boit bien, on mange

trop et on parle surtout politique. En ce moment, la rébellion algérienne est au centre de leurs préoccupations.

– Les représailles ne feront qu'attiser la haine, soupire papa.

– On ne peut pas laisser tomber un million de Français qui ont investi là-bas depuis cent ans, argumente M. Lebouteux.

– Sur des terres spoliées, en refusant tout accès à la formation et au pouvoir aux vingt autres millions d'habitants ? s'insurge mon père. On court droit vers une guerre d'indépendance.

– D'ici que ça donne des idées aux Malgaches.

– 47 a échaudé les vieux leaders et la relève n'est pas encore assurée.

1947 semble décidément une date importante, qui revient régulièrement dans les conversations, sans autre explication, comme une allusion qu'on préfère ne pas développer. Papa ne me refusera pas un éclaircissement.

– Il s'est passé quoi, en 1947 ?

Silence embarrassé des Lebouteux.

– Les principaux chefs politiques malgaches ont réclamé l'indépendance, énonce papa. Et la France a refusé.

– Pourquoi ?

– Les Français installés ici craignaient d'y perdre beaucoup d'argent, et puis ça aurait donné des idées à d'autres pays de notre bel empire colonial.

– J'imagine que les Malgaches n'ont pas été ravis.

– Ils ont pris les armes, mais ils n'ont pas tenu longtemps face à l'armée française. On en a tué pas mal et envoyé les chefs qui restaient au bagne.

Dans les livres de Léon, je n'ai rien lu sur cette révolte.

– Pourquoi on n'en parle jamais ?

– Nous n'en sommes pas très fiers. La répression a été sanglante. Et puis en l'oubliant, on minimise les faits, on les réduit à un événement ponctuel qui ne risque pas de se reproduire.

– Et, à ton avis, ça va recommencer ?

– Les Malgaches, un jour, redemanderont sûrement leur indépendance.

– Il y aura une autre révolte ?

– Peut-être. Mais apparemment, ce n'est pas pour tout de suite. Le pays est calme.

Si j'en juge par l'amertume de Fanja, c'est un calme qui cache la tempête. À sa place je bouillirais, je fomenterais des complots, même des complots d'assassinat. Des gens qui occupent votre pays et qui y ont tous les droits, on ne peut que les exécrer. Comme nous les Allemands pendant la guerre. Je n'étais pas bien vieille, mais je me souviens encore du sifflement de haine de la voix de bonne-maman quand, me tenant la main serrée dans la sienne, nous passions devant l'Allemand de garde de la caserne de l'avenue de Suffren.

« Sales Boches, grondait-elle, juste assez fort pour que j'entende. J'espère que vous allez crever. »

Je voudrais parler de 1947 avec Fanja. Elle me crachera des horreurs à la figure, mais ça m'est égal. La colère de Fanja ne me fait pas peur. Sur le fond, je suis d'accord avec elle.

– Programme du week-end, annonce papa en sirotant un cognac que maman tolèrerait mal à la maison, j'ai trois rendez-vous cet après-midi. Je peux te déposer au cinéma ou tu restes ici te reposer. Et demain, départ à l'aube pour Mantasoa. On participe à la régate, si tu veux bien me servir de focquière.

Le cinéma seule ne me dit rien et les étagères de la chambre qui m'est dévolue sont remplies d'*Arsène Lupin.*

– Je t'attends ici.

Quelques heures en compagnie du plus narquois des cambrioleurs est un plaisir qu'on ne refuse pas.

À 7 heures je suis debout. Pas très réveillée, vu l'heure à laquelle j'ai quitté Lupin, mais prête à jouer vaillamment mon rôle.

– On a quatre départs, deux ce matin et deux cet après-midi, m'explique papa. Je compte sur ton aide, on va avoir affaire à forte partie.

Les habitués de Mantasoa sont des gens haut placés dans la galaxie des Français de Madagascar : administrateurs, militaires à partir du commandant, directeurs de société maritime… des hommes théoriquement sérieux et responsables qui, à Mantasoa, deviennent des gamins excités et de mauvaise foi. Ici une seule chose compte : gratter les autres dériveurs. Les ruses et les coups bas sont à craindre. Mais mon père aussi est fin barreur et ce n'est pas la première fois qu'il affronte les caprices de ce lac tout en recoins.

– À nous de défendre l'honneur de Tamatave !

Il rit, la journée sera joyeuse. L'air du petit matin est encore léger, le ciel limpide. Je me laisse bercer par les vibrations de la voiture qui tressaute sur les ondulations de la piste, papa entonne ses chansons à boire préférées et nous arrivons au lac sans que je me sois aperçue de la longueur du chemin.

– Le vent est faible, s'inquiète le barreur en reniflant dans tous les sens. Ça ne va pas nous faciliter la tâche.

Le tirage au sort ne nous est pas défavorable : on commence sur le *Tilapia*, le bateau le plus agile du club, qui arrive toujours en tête par petit vent. Après on a deux veaux, *Capitan* et *Rêveur II*, qu'il faudra pousser de force vers la ligne d'arrivée, mais on finit sur *Suniata*, presque aussi souple que le *Tilapia*, en plus costaud.

– Va falloir jouer en finesse, me souffle papa concentré.

Nous nous sortons très honorablement des courses du matin : on ne loupe pas notre place de premier avec le *Tilapia*, malgré les manœuvres douteuses du Cel Varin pour nous disqualifier, et nous faisons quatrième avec *Capitan*, ce qu'on pouvait demander de mieux à ce sac de plomb. Mon père est content de nous.

– À ton efficacité, dit-il en levant son whisky vers moi.

Coincée entre Mme Casablanca, épouse du médecin chef de l'hôpital colonial, et le fils du président Latreille, qui me dévore des yeux, je m'épanouis. Le vin blanc frais, le *black-bass* grillé sur la braise, les patates douces cuites dans la cendre et les somptueux desserts apportés par ces dames auraient achevé de m'engourdir si n'était venu jusqu'à moi le rire de papa, le rire joyeux qu'il a lorsque la compagnie est aimable. En face de lui, la jeune et jolie Mme Salomon rosit de confusion. Mme Salomon est mariée à un imbécile pontifiant. Tout le monde le sait et attend le moment où elle le remplacera. Ils sont nombreux sur les rangs, mais Mme Salomon n'a pas envie de se fourvoyer avec un rouleur de mécaniques vantard et inconstant. Mon père est une autre qualité d'homme, et sa femme s'en rend si peu compte. Mon estomac se serre. Je n'aime pas voir papa batifoler ainsi. J'ai peur qu'il se rende ridicule.

– Messieurs, c'est l'heure, annonce le président Latreille en tapant sur son verre avec son couteau. Nous passons à la seconde manche de ces joutes.

Papa a un sourire contrit pour sa jolie voisine.

– Le devoir m'appelle.

C'est sa phrase favorite quand il doit s'éclipser, d'habitude il la garde pour nous. Mme Salomon murmure un léger « Bonne chance », qui semble enchanter papa. Cette belle mal-mariée ne va pas me gâcher ma journée quand même !

– Il faut le tenir comment, *Rêveur II* ? je lance à mon père en me dressant entre lui et la dame.

Pour tirer le maximum de ce veau, papa m'installe du côté de la gîte. Quand le vent nous octroie une risée, je plonge dans l'eau jusqu'à la taille, les dents serrées pour ne pas lâcher prise et pour juguler ma peur de voir le bateau se retourner sur moi. Mais nos efforts sont payants, on arrive troisième. Le Cel Varin ose même nous demander si on a bien pris la bouée rouge par tribord. Le colonel prend ses précautions. Il fait la dernière course sur le *Tilapia*, et ne tolèrera pas que quelqu'un l'empêche de gagner.

– On a des chances ? demandé-je à voix basse.

– Pas énormes.

– C'est quoi, le point faible du *Tilapia* ?

– Aucun. Le point faible, c'est le colonel.

Aucune remarque ne peut mieux me réjouir.

– C'est-à-dire ?

– Manque de finesse. Ça peut jouer contre lui, si le vent est irrégulier.

– Il l'est toujours.

– Pas d'anticipation, mademoiselle. Nous verrons ce que le sort nous réserve.

Mais l'œil de papa frise de malice. Le défi lui fera peut-être oublier Mme Salomon.

Malgré le vent qui souffle par saccades sous un ciel de plus en plus menaçant, nous prenons un honnête départ. Bien sûr le *Tilapia* est en tête. Les cheveux du colonel se dressent sur sa tête comme une crête de coq. Et d'un coup, la bourrasque se déchaîne, annonciatrice d'orage.

– Borde, crie papa en tirant comme un fou sur la drisse de la grand-voile.

Le *Soniata* bondit en s'inclinant dangereusement. Les pieds calés sous le plat-bord, je me jette en arrière, la moitié du corps à l'extérieur du bateau. À demi hors de l'eau tant il gîte, le *Tilapia* prend de l'avance.

– On ne l'aura jamais !

– Tiens ton bout et surveille la toile, m'ordonne sèchement mon père.

Les sept *snipes* de la course, fouettés par le vent, prennent soudain des allures de cavales folles. On entend jubiler les équipages. La première bouée se rapproche à toute vitesse. Le *Tilapia* vire de bord à grand fracas de voiles, en équilibre sur un flanc.

Un éclair zèbre le ciel, le vent décuple sa puissance. Les voiles nous couchent presque sur l'eau.

– Lâche tout ! hurle papa.

Le *Soniata* couche mais supporte le coup de tabac tandis que le *Tilapia*, incapable de se rétablir après son vertigineux virage de bord, se retourne d'un coup sur le colonel et son focquier.

– Tu vois, dit mon père, il suffit parfois d'attendre.

La pluie se met à tomber, drue et tiède. Le vent s'effondre. Nous mettons près d'une heure à rentrer, seuls en tête tandis que le hors-bord du club vient redresser le *Tilapia*.

Nous sortons vainqueurs de la journée. Papa est ovationné. Même le colonel fait semblant d'être bon perdant. On me félicite pour mon sang-froid, le fils Latreille se colle contre moi comme un jeune chien qui cherche des caresses. J'ai droit à un verre de vieux porto de la réserve personnelle du président Latreille.

C'est le moment que choisit Arnaud pour arriver. Dans mes rêves les plus fous, je n'avais jamais osé imaginer un tel concours de circonstances. Je me sens d'un seul coup dégoulinante et moche. Mais ça ne doit pas être vrai, car il me remarque aussitôt et vient vers moi sans prendre le temps de saluer le reste de l'assemblée.

– Superbe course, me félicite-t-il, les yeux rieurs. Tu as manœuvré comme une reine.

– C'est surtout mon père…

– Un bon focquier peut faire gagner trente pour cent de temps sur une course.

– On a eu de la chance que le *Tilapia* verse…

– En navigation, la chance ne joue pas. Le colonel conduit ses bateaux comme des tanks, un jour ou l'autre il devait dessaler.

Il s'est accoudé au bar, à côté de moi, pour commander un bourbon, histoire de se démarquer des buveurs de whisky. Je ne l'ai jamais vu aussi beau et d'aussi près. Je pourrais, d'une légère inclinaison du buste, poser ma tête sur son épaule, mes lèvres contre son cou et m'emplir les narines de son odeur racée de jeune mâle frictionné à l'eau de lavande qui vient de fumer sa première Camel de la soirée. Mes cheveux mouillés, mon short plein de taches, mes coups de soleil n'ont pas l'air de le rebuter.

Mon côté sauvageonne intimidée aurait-il plus d'attrait que la fine et pâle Éliette de Trévise qui est arrivée avec lui et observe, amusée, son numéro de charme ? C'est une des dernières venues dans leur clan, la jeune sœur des hautains frères de Trévise, sortie tout droit de la pension anglaise où elle se morfondait. Elle sirote un banal jus d'orange en attendant simplement qu'Arnaud ait fini de parader.

Et quand il a bu son bourbon, répondu aux plaisanteries du président Latreille, et m'a octroyé une dernière salve de félicitations, il se tourne vers elle, et sur un simple signe de tête, ils s'en vont côte à côte, pas plus, mais du même pas long et souple, comme deux animaux de race. Sans un regard pour moi.

8

Papa devait espérer, lui aussi, un prix pour son triomphe, mais ses yeux explorent en vain tous les recoins du club, cet imbécile de M. Salomon, pas si fou que ça, a déjà embarqué sa femme.

Nous avons été floués tous les deux. Lui s'est laissé aguicher par les battements de cils de la mal-mariée, mais le mari y a mis le holà, et moi je me suis enivrée de l'attention soudaine que m'accordait Arnaud et je l'ai vu filer, presque main dans la main, avec Éliette.

Malgré notre magnifique victoire, notre trajet de retour est moins joyeux que celui de l'aller. Nous ruminons chacun dans notre coin. Le monde est mal fait, maman n'adresse plus guère de battements de cils à papa, et Arnaud se moque de moi. Disons plutôt qu'il s'en amuse, ce qui est peut-être pire. Et j'ai marché, bien sûr, le couvant d'un tel regard éperdu qu'il a dû en rire, après. Le rouge de la honte me monte au front. Papa et moi sommes des naïfs, trop faciles à séduire.

– Alors ? demande Hélène, ces régates ?
– On a gagné.
– Bravo !
– Et Arnaud est venu me féliciter.
– Ça alors !
Elle ne réussit pas à cacher sa surprise.

– Il n'était pas seul, Éliette de Trévise l'accompagnait et ils sont partis ensemble.

– Leurs copains les attendaient sûrement. Tu sais bien qu'ils ne se déplacent qu'en bande.

Les tours de passe-passe d'Hélène sont habiles. J'aimerais y croire encore, mais ce soir j'ai du mal. La façon dont il m'a quittée, comme on oublie sur le bord de la route un objet devenu inutile, a coupé les pattes à mon indécrottable espoir.

– On verra samedi prochain, si je le retrouve.

Je lui accorde une semaine de sursis. Je ne peux pas le rayer si vite de ma vie, il y a trop longtemps qu'il alimente mes rêves. Pour mon amour-propre, il vaudrait mieux cependant que je n'aie pas le loisir de ressasser cette fin de régates.

– Vous en êtes où de la pièce ?

– Au retour de Jarbal. Il a vaincu les sikhs, on prépare son mariage avec Indirah. Maintenant Hélène doit écrire les aveux de Jarbal à Suraya.

Je m'y plongerais bien. Je le sens ce dialogue, comme quelque chose qui m'est passé sous le nez, mais ce n'est pas mon tour. Je me rattrape à la scène d'après, celle où Indirah découvre les liens secrets de Suraya et Jarbal, en m'offrant un beau couplet sur la tristesse de n'être pas aimée, digne d'un monologue de Racine.

Et le week-end arrive sans crier gare. Il s'annonce morose. Les Flamand ne peuvent pas m'accueillir, je dois me rabattre sur les Bastien, qui ne m'emmèneront pas au Sport Club. Je devrais vivre encore une semaine sur mes impressions de dimanche dernier, sans une lueur d'espoir pour les corriger.

Je n'ai jamais tant détesté les pasteurs que pendant ce morne après-midi de samedi à écouter une bande de garçons en culottes courtes hennir de joie à chaque smash ou service réussi. Seule l'ironie de Chicot, le plus attachant personnage des *Quarante-Cinq*, parvient à me distraire un moment. Mais l'évidence, insidieuse, ne tarde pas à ressurgir : Arnaud n'a jamais fait, et ne fera jamais, le moindre effort pour me voir. Il est charmé de me rencontrer, amusé de l'adoration qu'il voit dégouliner de mes yeux, attiré peut-être, un instant. Mais épris, non. Avide de me retrouver, encore moins. C'est moi qui me dessèche loin de lui, qui me représente, avec des tressaillements de plaisir, le moment divin où il posera ses lèvres sur les miennes. Ridicule. Dans la réalité, cela n'arrivera pas, ou si peu, par inadvertance, par jeu.

Au fond, si je m'efforce à la lucidité, en a-t-il jamais été autrement ? Mon histoire d'amour a-t-elle jamais existé ailleurs que dans ma fertile cervelle ? Comment croire qu'un être aussi aristocratique puisse tomber amoureux d'une fille aux jambes si peu longues, à la famille si peu friquée, aussi à l'aise en société qu'un lapin sur une table de billard ? Je suis dans un roman à sens unique qui me fournit une source inépuisable d'aventures imaginaires, sans plus. La vie est triste et bête, retournons vite nous réfugier auprès de Chicot.

– Qu'avez-vous trouvé, cette fois-ci pour échapper au volley ?

Léon ! Enfin, une compagnie fréquentable.

– *Les Quarante-Cinq*, un vrai régal.

– Décidément vous ne sortez pas de Dumas.

– Il faut un auteur fort pour s'abstraire du volley. Mais vous venez peut-être participer…

– À l'occasion, j'espérais aussi vous rencontrer. Où vous êtes-vous cachée dimanche dernier ?

– Mon père est monté de Tamatave, j'ai passé le week-end avec lui.

– Excuse valable. J'ai cru que vous vous défiliez. N'oubliez pas que vous me devez un compte-rendu de lecture.

– Je n'ai pas oublié. J'ai d'ailleurs des tas de questions à vous poser.

Pour la plupart des Français, les Malgaches sont une silencieuse énigme, qu'ils ne cherchent pas, d'ailleurs, à décrypter. Et quand on essaie, comme moi avec Fanja, on se heurte à une pelote d'épines. Léon semble mieux disposé.

– Connaissez-vous votre destin, ou votre signe de naissance, je ne sais pas comment traduire, votre *vintana* quoi ?

– Euh, oui. Pourquoi ?

– Et votre destin secondaire, celui que vous appelez *zanakandronoa ?*

– Vous ne croyez pas que vous vous noyez dans les détails ?

– Je n'en suis pas sûre. Le connaissez-vous ?

– Ce sont des superstitions populaires, auxquelles on s'attache encore dans les campagnes. En ville, plus personne ne s'en préoccupe.

– Il y a pourtant beaucoup d'astrologues et de vendeurs de charmes sur le *zoma.* Vous ne les fréquentez peut-être pas, mais s'ils sont là, c'est qu'ils ont des clients.

– Vous avez mené une véritable enquête !

– J'ai essayé de comprendre, ce qui n'est pas toujours facile quand on n'a personne pour vous guider. D'après vos livres, j'ai eu l'impression que pour les Malgaches – les campagnards plus que les citadins sans doute – le destin de naissance pèse d'un poids très lourd sur la vie, s'il est mauvais, il faut beaucoup de protections pour y échapper. Et ce sont les mêmes destins, en tout cas vous leur donnez le même nom, qui déterminent l'orientation des maisons, qui règlent les activités : les jours pour enterrer, les jours pour se marier, les jours pour conclure une affaire… Comme s'il était vain, voire dangereux, de croire qu'on peut décider seul de sa vie.

À vouloir étaler mes qualités de bonne élève qui a bien étudié sa leçon, je m'enfonce dans un discours pontifiant qui prend une allure condescendante.

– Ce que je voulais dire, Léon, c'est que grâce à vos livres je comprends mieux une certaine résignation des gens, ici. Nous, les Européens, nous agitons beaucoup pour lutter contre un sort contraire. On y perd une énergie folle. Vous, vous faites avec. Ce qui préserve peut-être vos forces pour les bons moments de la vie.

– Moi qui pensais juste vous donner des informations, je n'imaginais pas que vous en profiteriez pour partir à la recherche de l'âme malgache.

Une fois de plus, je suis tombée dans le pédantisme. Décidément, avec les garçons, français ou malgaches, je manque de légèreté.

– Excusez-moi, je suis un peu ridicule avec mes théories.

– Pas du tout. Vous savez que vous touchez juste. Mais ne le dites pas trop fort, il y en a que ça pourrait vexer.

– Mais je pensais au contraire que c'était une force, ou une sagesse si vous voulez.

– Ça c'est le point de vue de Louis, mais pas du reste des Français.

– Et alors ?

– Pouvons-nous, aujourd'hui, faire abstraction de ce que pensent la plupart des Français ?

C'est un constat, pas une révolte comme les accusations de Fanja. Léon a choisi la voie du réalisme, elle lui sera peut-être plus utile, dans l'avenir.

– Vous avez d'autres questions aussi subtiles à me poser ?

J'en ai des tonnes, mais j'ai peur de reprendre mon ton de professeur de sciences naturelles décrivant les mœurs d'insectes bizarres.

– Eh bien… j'ai l'impression que la famille, pas seulement les vivants, mais aussi les ancêtres, tiennent beaucoup de place dans la vie des gens, qu'il est très important d'être en accord avec eux.

– Et redoutable de leur déplaire. Ils pourraient se venger.

– Même les morts ?

– Surtout les morts. Ils ont toujours une petite malédiction en réserve.

– Ça n'a pas l'air de vous inquiéter.

– Je ne crois pas aux mauvaises intentions de mes ancêtres, ni aux bonnes d'ailleurs. Par contre, c'est vrai, j'ai le sentiment d'être lié à eux, de leur devoir une certaine fidélité. Si j'oubliais, d'ailleurs, les vivants se chargeraient de me le rappeler. Il ne faut pas vous fier à mes allures de bourgeois émancipé, Anna. Comme tout le monde ici, je vis sous le regard des gens de mon clan, d'autant que d'après mon *vintana*, ils attendent beaucoup de moi, ajoute-t-il ironique.

– Alors vous y croyez ?

– J'essaie de m'en moquer, mais ils veillent.

Je ne résiste pas à la curiosité.

– C'est quoi, votre *vintana* ?

– Un truc glorieux. Il paraît que je suis appelé à un avenir propre à redorer le prestige de la famille. Si je voulais arrêter mes études pour partir parcourir le monde, on convoquerait immédiatement les *ombiasa* de la région pour me concocter un remède qui me remettrait les idées en place.

– C'est si important pour eux ?

Avec mes questions indiscrètes, j'ai dû toucher un point sensible. Léon se rétracte, sur la défensive.

– Je suis désolée… je ne voulais pas…

– C'est moi qui vous ai mise sur la piste, autant vous dire la vérité. La famille de mon père est de la lignée des Andrianatompokoindrindra, du moins c'est ce qu'on prétend parce qu'on a perdu la trace de certains maillons de la chaîne.

La quatrième caste noble ! Il n'y a pas de quoi s'en cacher. Mais Léon ne tient pas à l'afficher. Pour prendre ses distances, peut-être.

– Vous comprenez, continue Léon, ils n'acceptent pas d'être relégués au second plan. Autrefois, le pouvoir, ils en tenaient au moins une partie. Ils ont quand même réussi à se trouver une place honorable parmi celles que les Français nous ont laissées : mon grand-père était médecin, un des premiers de l'île. Mon père aussi. Ils en attendent au moins autant de moi.

– Vous serez médecin ?

– Il s'en forme tous les jours maintenant. Je préfèrerais étudier le droit et l'économie politique, jette-t-il comme un défi.

– Pour prendre la place des administrateurs français ?

– Parler à égalité avec eux d'abord, les remplacer… un jour peut-être.

Louis semblait dire que ce serait pour bientôt, mais peut-on y croire vraiment quand on voit défiler les tirailleurs du Cel Varin avenue de la Libération chaque 14 Juillet et ces chargements de girofle, de vanille, de café qui embarquent sur les quais de Tamatave à destination de la France.

– Vous pensez que ce ne sera pas facile, n'est-ce pas ?

– Pardonnez-moi, Léon, j'ai du mal à imaginer que les Français feront tranquillement leurs bagages, comme pour rentrer de voyage. Regardez les Vietnamiens, les batailles qu'ils ont dû livrer. Et les Algériens, aujourd'hui. On ne peut pas dire que cela se passe paisiblement.

– La France n'aura peut-être pas envie de se lancer dans une troisième guerre.

– Ou de perdre une troisième colonie ?

– D'où vous vient cette lucidité, Anna ? Ça n'est pas commun parmi les filles françaises.

– Je ne fais que répéter les conversations que j'ai avec mon père. C'est lui qui est lucide. Et pourtant c'est lui qui nous a entraînés jusqu'ici. Il y a trois ans, peut-être y voyait-il moins clair. Mais je crois qu'il avait surtout envie de partir voir le monde, comme vous, si votre destin vous l'autorisait, j'ajoute en riant.

– Anna, vous êtes une fille étonnante.

C'est nouveau ça. Emmerdante, râleuse, drôle parfois, débrouillarde oui, même serviable. Mais étonnante… Un très vieux souvenir remonte de ma mémoire comme une vague de fond, en me nouant la gorge.

« Quand tu seras grande, Anna, tu seras quelqu'un d'étonnant. Je voudrais vivre assez vieux pour voir ça. »

Mon grand-père préféré n'a pas vécu assez longtemps pour m'en convaincre. J'avais même complètement oublié. Et voilà que ce garçon que je connais à peine reprend les mêmes mots. Des larmes idiotes surgissent toutes seules.

– Ça ne va pas Anna ?

– Si, si, très bien. Vous avez juste ravivé un vieux souvenir, et vous savez, les souvenirs rendent nostalgique.

C'est le moment que choisissent les volleyeurs pour appeler à l'aide. La partie déchaînée vient d'anéantir le plus faible.

– Léon, on a besoin de renfort !

– Je ne vous ai pas blessée ?

– Au contraire. C'est un bon moment que vous avez rappelé. Ne vous inquiétez pas, allez-y. Ils vous attendent.

Il hésite, mais les autres piaffent.

– Après la partie, je vous le raconterai.

Si la horde sportive croit que je retiens Léon, je vais me faire huer.

Il enjambe le muret qui clôt la véranda, grimpe au filet, genoux légèrement ployés, bras tendus, prêt à l'attaque, avec un dernier regard dans ma direction avant d'entrer dans la danse.

C'est bien la première fois que je prête un peu d'attention à une partie de volley. Léon a la même souplesse féline que Fanja. Les autres sautent comme des carpes et tapent comme des brutes, lui se détend. Ses muscles se ramassent, se concentrent puis s'étirent, presque en douceur, toujours dans la bonne direction, sans qu'on comprenne comment tant de contrôle produit un choc si violent sur le ballon. Papa m'a expliqué, un jour, que la douceur malgache n'était qu'une façade, qu'elle pouvait cacher une rare violence qui explosait par bouffées, comme on se libère d'une tension trop grande. Le volley doit être l'exutoire que Léon a trouvé à son lot personnel de violence.

En une demi-heure, l'équipe adverse est ratatinée. Puis ce sont les grandes embrassades de congratulations, les claques dans le dos, la fraternité virile des fins de combats sportifs, qui m'a toujours exaspérée. Comme si taper sur un ballon avait quelque chose d'héroïque.

Et en plus, on vient solliciter mon admiration :

– Tu as vu ce smash, Anna. Féroce, hein ?

– Et le service d'Étienne ? Un coup de maître.

Je félicite avec si peu de conviction que Léon éclate de rire.

– Anna n'est pas une fan de volley.

– Mais elle se débrouille très bien, me défend généreusement Bruno, le plus gentil des fils Bastien.

– Je n'en doute pas, se moque Léon en s'essuyant le visage et le cou trempés de sueur. Mais à choisir, elle préfère un roman de monsieur Dumas à un match.

– Les garçons, appelle Mme Bastien, maintenant que vos exploits sont terminés, vous voulez bien mettre la table ?

Cette question m'est destinée, mais on ne me la posera pas directement. C'est à moi de proposer mes services. D'ordinaire, j'anticipe la demande, j'ai horreur de ces rappels à la bonne conduite.

– Les garçons ont besoin de se doucher, j'arrive.

– Et votre souvenir Anna, me rappelle Léon. Vous m'aviez promis de m'en faire part.

– C'était une phrase de mon grand-père, qui me disait presque la même chose que vous. Vos paroles m'ont ramenée cinq ans en arrière, quand il était encore en vie. Je l'aimais beaucoup. Vous voyez, c'était tout simple.

– Pour vous aussi les ancêtres sont importants, alors ? conclut-il amusé.

– Mais je n'ai rien à en craindre. Il ne m'enverra jamais de malédiction. Merci pour cette leçon de culture mérina, j'ajoute en filant vers la cuisine.

– À votre disposition pour une autre séance.

9

Le dimanche s'annonce paisiblement ennuyeux. Nous entrons dans la saison froide. Les matinées sont fraîches, avec un peu de rosée sur les feuilles, comme un mois de mai en France dans le Sud. Encore en chemise de nuit, emmitouflée dans une grande jaquette de laine, je me glisse pieds nus sur la véranda pour humer la journée qui commence. Mme Bastien remue déjà les casseroles en bas, à l'étage tout le monde dort encore. L'air vif me caresse les joues, le jardin sent la poussière reposée. Les fleurs, ici, n'ont pas d'odeur. Ce sont les écorces d'arbres et les fruits qui embaument, mais on ne trouve pas d'arbres à fruits dans les jardins des plateaux. Et peu de fleurs, en dehors de la rutilance des bougainvilliers.

Est-ce la conversation amicale d'hier soir ou la limpidité de cette matinée, je suis d'humeur légère. Mme Bastien me paraît accueillante, le café au lait aux tartines beurrées a un arrière-goût d'orgie normande, les garçons qui arrivent un par un, encore ensommeillés, sont gentiment fraternels. Rien n'est prévu pour la journée, je n'ai qu'à la laisser couler.

Je ne verrai pas Arnaud, et je ne ferai pas d'effort pour me trouver sur son chemin. Je suis lasse des efforts qui ne mènent à rien. Après le culte, je m'enfouirai dans les tâches ménagères et la lecture. Je m'enfouirai tout de suite, si je pouvais échapper au culte. Mais justifier ma désertion me coûterait trop d'énergie, mieux vaut me joindre à la troupe et penser à autre chose.

D'ailleurs, il est parfait le culte de ce dimanche. Je connais les cantiques que je peux chanter à tue-tête sans que, dans la foule, on remarque mes fausses notes et le pasteur Foltz nous gratifie d'un sermon presque amoral sur le devoir de goûter les plaisirs de la vie, en rendant grâce à Dieu, certes, mais en appréciant. J'ai prié pour apprendre à mieux apprécier, et pour que maman apprenne un peu, aussi.

Je récolte même une invitation des Flamand à venir fêter l'anniversaire de Frédéric le week-end prochain.

Et j'ai droit aux salutations amicales de Fanja et de sa mère. Léon n'est pas venu. Il est peut-être, comme moi, allergique aux rassemblements pieux. On ne voit jamais son père, non plus. Il parle de lui à l'imparfait, sans doute l'a-t-il perdu. C'est un peu Louis qui le remplace. Ils se sont bien choisis ces deux-là. Ils doivent être terriblement fiers l'un de l'autre. Je comprends Léon et je comprends Louis. Léon fera sûrement de grandes choses pour son pays. C'est peut-être son *vintana*, mais c'est surtout son désir. Un jour, je pourrai me vanter de l'avoir rencontré et d'avoir bénéficié de ses leçons sur l'âme malgache.

Le déjeuner de midi est, comme d'habitude, insipide – Mme Bastien est imperméable aux conseils du pasteur Foltz – et une fois la vaisselle essuyée, je suis libre de passer l'après-midi avec Chicot et la préparation de l'assassinat du duc de Guise.

Quelle drôle de vie que la mienne, dans laquelle le plus agréable se passe à lire ou à inventer des histoires. Comme si j'étais incapable d'en vivre. C'est tellement dangereux, la vie. Je comprends que les Mérina n'y marchent qu'entre des repères bien balisés.

– Alors, ce week-end ?

Hélène est toujours là pour m'accueillir au retour.

– Neutre, mais pas désagréable. Disons, reposant. Je commence à renoncer à Arnaud. Je n'en suis même pas triste, un peu vide seulement. Je ne sais plus à quoi penser.

– Ça tombe bien…

Hélène a toujours un dérivatif en réserve.

– Sonia a lu les premières scènes et se sent un peu frustrée.

– Aïe !

Sonia a demandé à jouer la princesse Indirah, à défaut d'être la jeune première. Marie-Odile remplit trop bien ce rôle pour qu'on le confie à une autre. Mais Sonia espérait au moins quelques compensations du genre scènes de cour fastueuses où sa fonction de princesse lui permettrait de parader un peu. Nous n'avons pas prévu grand-chose comme scènes fastueuses parce que nous n'aurons jamais les moyens en décors et en costumes de nous les offrir.

– On pourrait allonger la séquence de préparation du mariage, donner plus d'importance à la toilette d'Indirah et la terminer par son apparition devant la cour en tenue de cérémonie. À elle de se dénicher la tenue.

– On va lui en parler ?

Ce lycée est un merveilleux bunker. Les seuls exploits qu'on nous impose demandent juste un peu de mémoire et de gymnastique cérébrale. Les puissants qui nous gouvernent, la directrice, les surveillantes, les professeurs, sont trop lointains pour nous affecter vraiment, et puis contre eux nous faisons bloc. Le reste du temps, on vit en clan, entre copines, avec pour principal souci de nous assurer mutuellement que le monde, les garçons, les autres, s'apercevront bientôt que nous sommes des filles remarquables. Et quand on n'arrive plus à y croire, le clan se charge de vous changer les idées jusqu'à ce que ça aille mieux.

Cette semaine je réconcilie Sonia avec son rôle, je récolte un 14 en gymnastique acrobatique, un 6 en thème latin, je m'insurge contre l'arrivisme de Colbert qui cisaille Fouquet en pleine gloire, et je lance quelques perches en direction de Fanja.

– Tu veux bien rendre ces deux livres à ton frère. Je les ai finis.

– Ça t'a intéressée ?

– Beaucoup. Je trouve extraordinaire que vos ancêtres soient venus de Malaisie sur des pirogues à balancier pas plus grosses que celle sur laquelle mon frère part à la pêche.

– Tu ne savais pas ?

– Où aurais-je pu l'apprendre ? Dans nos livres, l'histoire de Madagascar commence à la conquête coloniale.

– Évidemment, se ferme Fanja.

– Au fond, votre passé n'est pas si différent du nôtre, je continue comme si je n'avais pas remarqué son repli. Comme nous, vous avez été envahis par des quantités de gens qui ont fini par former un peuple. Sauf que vos envahisseurs sont venus en bateaux et les nôtres à pied.

– Je n'y avais pas pensé, reconnaît Fanja.

Fanja est comme les gros colons, elle ne perçoit que la version des faits qui lui convient. Ce sont des gens difficiles à convaincre que ceux d'en face ne sont ni des incapables paresseux ni des salauds d'exploiteurs. Cette marche vers l'indépendance me semble un chemin semé de tant de rancœurs d'un côté et de mépris de l'autre que je ne vois pas comment échapper à une guerre, n'en déplaise à Léon et à Louis.

J'ai encore récolté quelques notes sans importance, réécrit quelques répliques de la princesse Indirah et le week-end est arrivé avec son petit picotement d'excitation. Même si je ne crois plus à rien, j'espère encore quelque chose.

– On donne un super film au Ritz, m'annonce Anne quand je me glisse à ses côtés dans la 2 CV familiale. Ça te dirait ?

À Tamatave, le cinéma est à trois cents mètres

de la maison et pour le prix d'une place, on peut assister à des doubles séances. Pendant les vacances, Fred et moi nous gorgeons de westerns, d'aventures médiévales, d'épopées arabes. En me maquillant bien et grimpée sur les talons de maman, j'avais même obtenu des places pour *Le Navire des filles perdues*, qui m'avait laissée dolente et Fred très silencieux. À Tana, le cinéma est un bonheur plus rare. Trop futile pour les Bastien, un peu cher pour la tribu Flamand qui ne concevrait pas d'y aller autrement qu'au complet. Mais le film d'aujourd'hui ne tente pas les petits, m'assure Anne.

Ça s'appelle *Le Fleuve* et ça se passe aux Indes. Je m'attendais à une production en Technicolor, pleine de passions et de fureur comme notre pièce de théâtre. Je me retrouve en face de ma vie. Ces Indes coloniales, aux grandes maisons à véranda, aux soirées qu'on étire le plus longtemps possible tant elles sont douces, aux après-midi si lourds que même les livres tombent des mains, c'est ici, à la saison chaude. Et cette Harriett, si pleine d'amour disponible qu'elle le déverse sur le premier jeune soldat venu, c'est moi. Le baiser que le soldat donne à une bien plus belle qu'elle m'est aussi douloureux que si c'était à moi qu'on le volait.

Je sors en sanglotant, sur moi, sur Harriett, sur notre vie… N'est-ce pas tragique d'avoir quinze ans sous les tropiques, des fringales de caresses, un complexe d'infériorité paralysant, et des espoirs qui se dissolvent à la chaleur et vous laissent bête et vide comme un vieux sac abandonné ?

Anne est aussi bouleversée que moi. Ça me rassure.

La bonne éducation protestante n'empêche pas les émois. Nous reniflons nos larmes avec un sourire complice.

Ce soir nous allons nous livrer sans retenue aux câlins, aux baisers et à la fête, pour combler notre déficit amoureux.

– Anna, ça te dirait un petit tour en terre malgache ?

Dans la cuisine tiédie par le grand fourneau, en pyjama de pilou, je fais durer le petit déjeuner. Si je pouvais, je traînerais jusqu'à midi. Tant que je ne suis pas habillée, la journée n'a pas commencé, je n'ai encore rien à assumer ni à prouver. Je baigne dans une douce irresponsabilité. Louis contemple avec amusement la montagne de confiture qui tremblote sur ma énième tartine.

– Ce matin ?

– Léon doit aller chercher une vieille tante dans son village familial, à quinze kilomètres d'ici. Il propose d'en profiter pour te le montrer. Il paraît que tu t'es prise d'intérêt pour les mœurs et coutumes de ce pays.

– Léon veut m'emmener dans son village ? Mais… c'est magnifique.

– Tu t'habilles et tu nous rejoins dans mon bureau ?

Depuis samedi dernier, je m'efforce de ne penser à Léon que comme à une sorte de professeur. Mais chaque fois que me revient sa phrase sur la fille étonnante, j'ai du mal à me masquer un petit pincement de plaisir. Il aurait peut-être mieux valu que je ne le revoie pas, seulement il m'attend dans le bureau de Louis et j'en suis tout émoustillée. Est-ce que nous serons seuls à l'aller ? Je le souhaite et le redoute en même temps.

Son sourire protecteur dissipe toute équivoque : nous restons sur le terrain de l'initiation intellectuelle.

– J'ai pensé qu'un peu de travaux pratiques concrétiseraient vos connaissances. Vous pourriez emporter des tennis, les chemins de terre sont parfois boueux, ajoute-t-il après un coup d'œil à mes sandales.

Il se permet même une leçon de morale pratique. Je ne suis apparemment que l'accessoire de ce voyage qui doit aussi servir à organiser une rencontre entre Louis et un très vieil habitant du village « qui a encore des souvenirs précis des derniers *fandroana* », la plus importante fête malgache liée à la royauté. J'ai droit à quelques mots sur le *fandroana,* bain royal, réaffirmation annuelle de la puissance du prince et ordalie purificatrice à coup de poison, mais Louis a tant de précisions à donner pour ce rendez-vous que je n'arrive pas à poser les questions qui me brûlent les lèvres. Et Léon ne fait pas grand-chose pour me laisser la parole.

– Sois prudent sur la route, rappelle quand même Louis lorsque Léon a fini de noter ses consignes. Nous devons ramener Anna entière au lycée ce soir.

– Ne vous inquiétez pas, avec ma vieille tante, je ne dépasserai pas le 50 km/h.

À croire qu'il s'efforce de rendre cette balade

ennuyeuse. Tant pis, je pars quand même, j'ai trop envie d'aller me promener. Je ne connais rien de la campagne malgache que je me suis contentée de traverser en voiture, d'un endroit habité par des Français à un autre endroit habité par des Français.

– Vous avez une voiture ? m'étonné-je en découvrant une 4 CV garée devant la maison.

– C'est celle de ma mère. Elle passe la journée avec sa sœur et me l'a laissée.

Des couvertures protègent soigneusement les sièges. C'est une voiture qu'on bichonne et qu'on ménage pour la faire durer le plus possible. Je jette mon sac à l'arrière, je me cale sur le siège du passager et je descends la fenêtre pour manifester mon indépendance.

– Ne vous vexez pas Anna, sourit Léon. Sans ma vieille tante qui a eu la bonne idée de tomber malade, je n'aurais jamais disposé de la voiture de ma mère pour vous montrer Ambohimalaza. Et Louis ne vous aurait peut-être pas laissée partir avec moi.

Aurait-il forcé son personnage d'aîné pour obtenir l'autorisation de m'emmener ? Le petit pincement de plaisir revient subrepticement. Attention Anna, terrain glissant… Le mieux est d'entrer dans son jeu, en prenant mes airs d'élève appliquée.

– Ambohimalaza est votre village natal ?

– Je n'y suis pas né. Il y a belle lurette que les enfants de la famille naissent en ville dans les maternités. Mais c'est le village dont la famille de mon père est originaire. C'est, si vous voulez, notre terre ancestrale, notre *tanindrazana.*

Et le voilà qui m'explique, sur un ton plus passionné que scientifique, l'importance de cette terre ancestrale, cœur de l'ancien fief de la lignée, propriété physique et encore plus symbolique des descendants des grands ancêtres. Si je veux comprendre quelque chose à ce pays, je ne dois pas l'oublier.

Nous traversons l'avenue de la Libération, calme et vide comme tous les dimanches. Puis la voiture grimpe à l'assaut des collines, entre les maisons de torchis et les maisons de brique, dont les murs d'enceinte, souvent ébréchés, révèlent des appentis à toit de tôle et des cours où cavalent quelques poules maigres. Le soleil du matin avive les façades ocre et rouges qui se découpent contre un ciel net, bleu clair, le ciel d'hiver des plateaux. Dès Besarety, les jardins et les champs prennent le pas sur les maisons. La rue devient une route qui descend en zigzaguant vers le fond d'une vallée et une rivière cascadante. Malgré sa fonction de capitale, Tana est une petite ville qui se fond rapidement dans la campagne. On en sort trop vite à mon gré. Je voudrais que cette escapade prenne le temps de s'étendre sur les routes et sur la journée.

Le soleil me chauffe doucement à travers le pare-brise, Léon redevient pédagogue pour me parler de *l'anaran-dray,* cette obligation qui lie les descendants à l'héritage parental tant pour l'entretenir que pour maintenir l'honneur de la lignée, et à laquelle il est quasiment impossible de se soustraire. Je l'écoute sagement en regardant ses mains qui manient avec sûreté le volant et le changement de vitesse. Ce garçon est rassurant. Il prend tout en charge, la route, les tournants, les chiens qui traversent à l'improviste, l'explication du monde qui m'entoure et mon confort. Il veille, je n'ai qu'à me laisser conduire.

Les grands eucalyptus qui bordent maintenant la route nous enrobent de leurs longues branches chevelues, ils ne sont pas assez épais et rapprochés pour ombrager sérieusement la chaussée, juste pour y dessiner un treillis léger d'ombre et de lumière, filet protecteur dans lequel nous glissons.

Et brusquement la voiture tourne à droite, quitte la route goudronnée bien balisée, passe sur un pont à une seule arche et prend à flanc de colline un chemin de terre dur et caillouteux.

– Ambohimalaza est juste un peu plus loin à gauche.

Oh, non ! Pas déjà.

Je n'aurais pas su que ce village est bien plus qu'une petite agglomération de maisons rouges, j'y aurais à peine prêté attention. Un village malgache n'était jusqu'à présent pour moi qu'un morceau de paysage au bord de la route.

– Nous avons encore une maison, là, sur le haut de la colline.

Léon tend le bras vers une bâtisse de brique à véranda, devant laquelle pousse un grand lilas. Elle est peut-être un peu plus grande que les autres, mais à peine.

– Vous y venez souvent ?

– C'est ma vieille tante qui y habite. On y dort lorsqu'on passe surveiller des travaux d'entretien, et parfois pour les enterrements et les *famadihana*.

– Toutes les maisons du village appartiennent à votre famille ?

– Une partie seulement, mais quasiment personne n'y vit. Ils résident comme nous, à Tana, à Antsirabé ou ailleurs. Les maisons sont occupées par les métayers, ceux qui cultivent les terres, et parfois un cousin qui n'a pas réussi à faire d'études.

– Les autres maisons sont à qui ?

– Un ou deux commerçants hova, des ouvriers agricoles…

– Qui ne sont pas de votre famille ?

– Les Hova sont des anciens hommes libres, mais pas de castes nobles, les ouvriers, des Andevo, descendants d'esclaves, de nos esclaves généralement. Les maisons placées sur le haut de la colline sont celles de la famille. Les autres sont plus bas ou à l'ombre. Évidemment, avec le temps, les destructions et les constructions neuves, ça a un peu bougé.

Les seigneurs, ici, vivaient apparemment comme les autres. Pas de château, pas de rempart pour les séparer des serfs. Juste des emplacements réservés et des demeures plus grandes. La servitude en était-elle plus douce ?

– Les esclaves faisaient partie de la maisonnée, comme à Rome. Leur sort dépendait de la qualité des maîtres. Nous n'avons pas été les seuls à profiter de ce système, les Français l'ont maintenu plusieurs années, pour faire exécuter à bon compte les corvées de défrichage. Puis les esclaves sont devenus des salariés. De nos privilèges anciens, il ne nous reste aujourd'hui que celui d'être enterrés ici, à côté de nos ancêtres, sur la terre dont nous sommes issus.

Léon a arrêté la voiture sur la route, en contrebas. Au-dessus de nous, prolongeant comme naturellement la petite agglomération, pas loin du temple dont le chant des cantiques traverse les murs, s'étend un impressionnant champ de tombeaux. Certains, très anciens, aux grandes dalles de pierre taillée à la main, craquelées par les intempéries, surmontées par leurs orgueilleuses petites maisons, les *trana manara,* signe de noblesse. Et les autres, plus récents, plus sobres, mais tous immenses, comme nos plus gros caveaux de familles, avec des toits plats.

– On y repose nombreux à l'intérieur, parfois plus de vingt, comme si on avait besoin de se tenir chaud pour l'éternité. Ici, c'est celui de ma propre famille. Mon grand-père et mon père y sont déjà. C'est là que je les rejoindrai.

Ce n'est plus le Léon railleur, critique amusé des vieilles coutumes mérina.

– Il se passe une chose étrange, ici, continue Léon les yeux à terre, comme si son explication était plus un échange entre lui et les siens qu'entre lui et moi. Quand je prends dans mes mains un peu de cette terre qui entoure les tombeaux, c'est comme si une force profonde montait en moi, une vitalité venue du fond des temps, qui m'irradie, moi, le descendant, celui qui aujourd'hui incarne la lignée. Ici je redeviens fort et digne, prêt à affronter le monde. Concevez-vous cela Anna ?

– Comme dit Louis, à chacun son sacré. Le vôtre est dans cette terre, le mien sous une voûte romane. Ce n'est pas plus logique.

– Tu es surprenante, Anna !

Il marque un temps d'arrêt comme pour rattraper

le « tu » parti sans qu'il s'en aperçoive, puis il continue, cette fois délibérément :

– … Je te conduis ici pour que tu comprennes la spécificité malgache et tu ne relèves que ce qui nous rapproche.

– Je vous trouve énervants, vous, enfin toi, et Fanja, avec votre identité malgache dressée comme un rempart que les Européens sont incapables de franchir. Nous ne sommes pas tous si obtus.

Il va falloir me faire à ce tutoiement. J'aimais bien notre « vous » un peu cérémonieux, il me changeait de la familiarité des glandeurs de Tamatave. Mais si je persiste à m'en servir, Léon me prendra pour une mijaurée.

Un œil non averti ne verrait en Ambohimalaza qu'un bourg aux sentiers de terre serpentant entre les maisons, des poules qui courent un peu partout, des champs dont je ne reconnais pas les cultures et en bas, vers le fond de la vallée, un damier de petites rizières encloses dans leurs buttes de terre.

– Ce qui reste de notre richesse ! se moque Léon.

– À ta famille ?

– La mienne et toutes les autres qui sont originaires d'ici. On ne sait souvent plus le nombre de propriétaires de chacun de ces lopins. On ne vend pas la terre des ancêtres et souvent on ne la partage même pas. On se contente de répartir les quelques sacs de riz qu'elle nous rapporte en fin d'année. Mais c'est le riz de notre *tanindrazana*, un produit inestimable !

Léon arpente la terre de ses ancêtres à grandes enjambées, sans égard pour mes sandales que les brides tiennent mal aux pieds. J'ai bien emporté les tennis d'Anne, mais elles sont si laides que je les ai oubliées sur la banquette arrière. Le soleil est maintenant haut dans le ciel, je commence à avoir chaud à cavalcader ainsi dans les collines. J'ai enlevé ma veste que je trimballe sur l'épaule, j'ai mal aux pieds. La campagne c'est parfait comme paysage, pour circuler à pied j'ai toujours préféré la ville.

Une double volée de cloches arrête Léon dans son élan randonneur.

– C'est la sortie du culte, il faut que j'aille saluer le pasteur et voir le vieil homme que Louis tient à rencontrer.

D'où nous sommes grimpés on aperçoit l'ensemble du village et ses deux églises. Des groupes enveloppés de *lamba* blancs sortent lentement, en bavardant, de chacun des deux bâtiments.

– L'autre, plus loin, c'est l'église catholique, m'indique Léon, un peu condescendant.

Les ouailles papistes ont, bizarrement, la peau plus foncée et les cheveux plus frisés que les protestants.

– Ce sont des Andevo, les descendants des esclaves noirs africains.

Léon a beau jeu de s'irriter de la suffisance européenne. Il me paraît autant imbu de sa supériorité que messieurs les administrateurs. Je le laisse partir à la rencontre de ses amis andriana à la peau claire, je ne tiens pas à l'encombrer. La foule est calme, comme toutes les foules malgaches, mais les regards qu'on me jette à la dérobée sentent la méfiance. Et du côté de l'église catholique, les expressions sont carrément hostiles.

Léon doit s'en apercevoir. Il vient me chercher pour me présenter au pasteur.

– Anna Vayssière, la fille de très bons amis de Louis.

C'est le sésame. Les visages s'ouvrent, on me sourit, je ne suis plus une étrangère.

– J'ai presque eu peur tout à l'heure. Les gens n'étaient pas contents de me voir ici.

– Un inconnu est toujours suspect de malveillance, surtout un Blanc. Tu pourrais être un *mpaka fo.*

– Moi ? Mais ce sont des fantômes malgaches, les *mpaka fo.*

– Les *mpaka fo* sont des preneurs de cœur, des gens bien vivants qui volent le cœur d'autres personnes pour s'en approprier la puissance et la vitalité.

– C'est une blague !

– Certes, mais comment expliquer les incompréhensibles pouvoirs et richesses des Blancs si ce n'est par l'absorption du cœur de jeunes Malgaches vigoureux ?

– Quelle horreur !

– Tu vois que tu n'es pas au bout de tes découvertes. Allons, pour te remonter le moral, et revigorer ton cœur par d'honnêtes moyens, je t'invite à déjeuner.

– Ça ne va pas déranger ta vieille tante ?

– Qui te parle d'encombrer ma tante. D'ailleurs nous y mangerions très mal. Je t'emmène à Anjeva, à 10 kilomètres d'ici, il y a un petit bistro où nous serons bien accueillis. Nous reviendrons chercher ma tante après sa sieste.

10

Léon m'invite au restaurant ! Un bistro où l'on peut déjeuner est bien un restaurant ? C'est la première fois de ma vie que ça m'arrive. Le plus qu'un garçon m'ait offert jusqu'à ce jour, c'est un alexandra au bar d'un des bateaux ancrés dans la rade de Tamatave. Dans l'espoir que cela suffirait à m'enivrer et me ferait perdre mes défenses. La dose était insuffisante, le garçon en a été pour ses frais.

Cette fois, il ne s'agit pas de boire un coup au bar, mais d'un vrai déjeuner, comme ceux auxquels me convie parfois papa quand il vient me voir à Tana. Un repas au restaurant c'est deux heures de complicité, entourée d'égards par un personnel attentif. Pour moi, un luxe rare.

Quelque part je me dis bien que cette journée prend une tournure plus intime que formatrice, que le tête-à-tête autour d'assiettes appétissantes favorise les confidences qu'en temps normal on n'aurait pas laissées filer. Mais Léon a repris son attitude de grand frère pragmatique. Allons Anna, ne te complique pas la vie, accepte ce moment cadeau et profites-en.

Léon roule doucement, à cause des gens qui marchent sur le bord de la route et des trous qui secouent la pauvre 4 CV. Nous franchissons une autre rivière, et nous entrons dans Anjeva, une vraie petite ville de campagne, avec des maisons de brique alignées le long de sa rue principale. Anjeva est une des haltes sur la ligne de Tamatave, et comme en France, en face de la gare, il y a un bar-restaurant.

Rien à voir avec les établissements à nappes blanches de la rue Amiral-Pierre où m'emmène papa. Bistro est le mot juste : ambiance un peu sombre qui sent la vinasse, grand bar de bois et de cuivre, quelques tables de Formica, mais derrière le comptoir un homme rond et souriant. Un Blanc de la brousse, jovial et sans façon.

– Léon, quelle bonne surprise. Tu es passé chez toi ?

– Je viens chercher tante Adèle. Elle a enfin accepté d'entrer quelques jours à l'hôpital. J'ai emmené une jeune amie de Louis Flamand qui voulait voir un village de chez nous. Tu pourrais nous préparer quelque chose ?

André, le gros propriétaire, donne un coup de chiffon à la table la plus ensoleillée, il y déploie une nappe à carreaux rouges et blancs, y pose un pichet de vin avant toute autre nourriture et nous en sert dans trois verres en levant le sien à notre santé.

– Salade de tomates, omelette au lard et crème caramel maison, ça vous irait les enfants ?

Léon s'assied, s'étire dans le soleil, et avoue que c'est ici son restaurant préféré. Je bois mon vin rouge à petites gorgées et me laisse glisser dans l'euphorie. Léon demande des nouvelles de la pièce de théâtre, je lui raconte nos dernières trouvailles. Je fais l'éloge des Flamand, Léon renchérit ; je soupire sur l'ennui de mes dimanches chez les Bastien. Léon se moque de moi.

– J'ai rarement lu sur un visage un mépris aussi colossal pour le volley-ball.

– Il y a des choses que je n'arrive pas à cacher.

– J'ai remarqué. Quand quelqu'un t'exaspère, tu as un petit pincement de lèvres dédaigneux, sans appel. Madame Bastien y a souvent droit.

– Je suis injuste. Sans elle, je ne sortirais pas souvent du lycée, elle empile ses garçons pour me laisser de la place, et je n'arrive pas à lui en être vraiment reconnaissante.

– Rassure-toi, tu t'agites assez à la cuisine pour compenser.

– Je ne t'imaginais pas ce côté cynique, dis-je en riant à mon tour.

Les petites tomates de Madagascar sont plus fermes et parfumées que celles de France. Cette salade relevée d'une forte vinaigrette est un régal, et l'omelette sent bon le lard fumé. Le patron nous dorlote, avec des mimiques de grand-oncle complice qui protégerait une fugue amoureuse.

– Il ne faut pas lui en vouloir, me glisse Léon, il s'ennuie en ce moment, les chasseurs ne sont pas très nombreux à cette saison. Alors il se rattrape sur nous.

– S'il continue à dénicher des douceurs dans son frigo, je vais éclater.

– On peux aller marcher sur les bords de l'Ivovoka pour digérer ?

– Pitié Léon, je suis trop lourde pour faire plus de dix pas. Il faudrait me porter.

– Mais j'en suis capable.

Je ne suis pas sûre que ça me déplairait. Terrain glissant…

– Je ne t'imposerai pas cette corvée, dis-je légère, comme on répond à une blague. Dans un quart d'heure, après un café, ça ira mieux, si tu veux bien attendre jusque-là. J'aimerais en profiter pour te poser une question qui me tracasse.

Il n'est pas mauvais de ramener la conversation vers des sujets moins personnels. Je suis venue pour apprendre, n'est-ce pas ?

– À quoi tient cette terrible pratique de l'ordalie par le tanguin ?

J'y suis peut-être allée un peu fort avec ma question. Léon se raidit.

– Toute la cruauté et la duplicité malgache, n'est-ce pas ?

– Faut-il que je te rappelle notre supplice de la roue ou celui de l'écartèlement pour que tu ne tombes pas dans la persécution culturelle ?

Ouf, il retrouve le sourire.

– C'était une sorte d'épreuve de vérité, si tu veux. Le poison était censé éliminer les coupables. En fait, bien sûr, il tuait les plus faibles et les moins malins, ceux qui n'avaient pas fait d'arrangement avec les préparateurs du rituel.

– Comme tous les massacres de boucs émissaires, en somme. Mais pourquoi le poison ?

– Parce qu'il agit à l'intérieur de celui qui l'a absorbé. C'est lui qui désigne le coupable. Personne n'est responsable de la mort de celui qui a été pris par le tanguin. Impossible d'accuser la royauté d'abus de pouvoir, puisque le tanguin a établi la preuve de la culpabilité.

– Vous êtes des gens terriblement subtils ! C'est sur ce sujet qu'il faudrait écrire notre prochaine pièce de théâtre.

– Je crains qu'on te la censure. D'ailleurs je suis surpris que ta directrice, si pointilleuse sur les lectures, te laisse raconter des histoires aussi lascives dans ton spectacle.

– Ça se passe toujours ailleurs, dans un autre pays ou une autre époque. On fait historique ou exotique pour avoir la paix. Et on pèse nos mots. Amour, tendresse, on garde. Désir, fièvre, on élimine. On trouve toujours des solutions. L'important pour nous c'est de jouer.

Parler de la pièce me met dans un état d'excitation joyeuse, communicative sans doute. Léon en a le regard qui pétille.

– C'est le meilleur moment de l'année, je conclus pour revenir à plus de réserve.

– En dehors des vacances, je suppose.

– Je n'aime pas tellement les vacances. Bien sûr je suis contente de retrouver ma famille, du temps libre et la plage, mais l'ambiance à Tamatave ne me plaît pas beaucoup. Les gens, enfin les jeunes, y sont soit ennuyeux soit intimidants et souvent les deux à la fois.

– Et à Tana ?

– À Tana c'est différent. La ville est plus grande, on ne rencontre pas toujours les mêmes personnes… et il y a les Flamand. Madagascar est peut-être un paradis pour certains Français, mais moi je préfère vivre en France. Les gens y sont plus normaux, plus ordinaires. Ça me convient mieux.

– Moi aussi, avoue-t-il, je préfère les Français de France à ceux d'ici. Sauf quelques exceptions, bien entendu.

– Il faut croire que le climat les transforme, lancé-je comme si je n'avais pas entendu la fin de sa phrase.

– Le processus est plus insidieux et plus complexe. Il y a le climat, il y a le pouvoir et sans doute une sorte de sélection au départ : ne parviennent jusqu'ici que certaines catégories de Français…

– Les missionnaires en quête de dévouement, les administrateurs aux femmes en quête de domestiques, les planteurs et les commerçants en quête de gros profits…

– Je te trouve bien sévère, Anna. Il y a aussi des administrateurs dévoués à leur circonscription, des enseignants dévoués à leurs élèves, des chercheurs émerveillés par notre flore et de notre faune… et d'étonnantes jeunes filles qui ne rentrent dans aucune catégorie.

– C'est mon problème. Ma vie serait plus facile si je pouvais me fondre dans un groupe de semblables. Je n'ai pas l'envergure d'une solitaire. J'ai besoin des autres. Heureusement, j'ai d'excellentes amies au lycée, rajouté-je presque sèchement, effrayée par la dérive de mes propos.

Il allume une cigarette et me regarde un moment en silence, le visage totalement impénétrable. Si je devais rapporter quelque chose de ce pays, ce serait des leçons de self-contrôle.

– Donc tu n'es pas si solitaire, conclut-il finalement sur un ton redevenu distant et amusé.

Puis, consultant sa montre :

– Il est temps d'aller chercher ma vieille tante. Elle finirait par s'impatienter.

Retour à la case départ, l'adulte responsable a repris le pas sur le compagnon attentionné. Il va se préoccuper de sa tante et me ramène au bercail. Moi qui me suis tenue sur mes gardes sans arrêt pour rester dans les limites de l'amitié admirative, j'éprouve d'un seul coup une immense frustration. Comme si on me retirait un plat prometteur après m'en avoir fait renifler le fumet. Je me rencogne dans mon siège, contre la portière, le plus loin possible de lui et je m'absorbe dans la contemplation du paysage.

Je porte les paquets de la vieille tante et j'insiste lourdement pour l'installer à l'avant. Mais c'est elle qui ne veut pas. À l'arrière, elle peut étendre sa jambe malade. Le trajet du retour me paraît affreusement court. Léon conduit prudemment, en essayant de secouer sa tante le moins possible et c'est à elle qu'il s'adresse désormais, en malgache et de temps en temps en français pour ne pas m'exclure. Il explique la raison de ma présence, comme un service qu'il rendrait à une jeune écolière à l'esprit curieux. Je ne suis plus qu'une accompagnatrice.

Du haut d'Andravohangy, nous replongeons sur Tana encore plus calme, à cette heure de la sieste, que ce matin quand nous l'avons quitté. En quelques tours de roue, nous sommes à Tsaralalana, devant chez Léon.

Il aide la vieille dame à s'extraire de son siège. Je me charge des bagages. Léon soutenant sa tante, moi portant *sobika* et valise, nous entrons dans la maison qui semble vide. Avec des attentions de petit-fils, Léon conduit sa tante dans le salon et l'installe commodément dans un fauteuil.

– Je raccompagne Anna chez ses amis, explique-t-il en posant une couverture sur les jambes de la vieille dame, et je reviens m'occuper de toi.

La tante répond en malgache, avec un geste de la main qui doit signifier : « Prends ton temps, je suis très bien ici. »

Les Flamand habitent tout près, je pourrais m'y rendre à pied. Je suis sur le point de le dire, avec la même bravade que j'ai mis à placer mes compagnes de lycée entre lui et moi, mais je me tais. Il y a des fois, Anna, où il faut laisser les autres décider.

Je reprends ma place, avec précaution, sur le siège du passager, toujours à bonne distance du chauffeur. Ses gestes sont terriblement neutres : mettre en route, desserrer le frein à main, passer les vitesses, regarder devant lui, ou derrière, mais pas à côté. Je suis incapable de bouger, ni vers la portière ni vers lui. Et nous sommes arrivés.

– Merci pour cette délicieuse journée, dis-je avec la politesse d'une fille bien élevée.

– C'est toi qui l'as rendue délicieuse, Anna, répond-il sourdement, les mains sur le volant, les yeux fixés sur le pare-brise. C'est à moi de te remercier.

Puis tournant vers moi le plus lumineux sourire des yeux que j'aie jamais vu :

– Ne change surtout pas, même si cela doit te coûter un peu de solitude. Tu es… trop précieuse.

Ses mains ne lâchent toujours pas le volant.

– Je te rends à tes amies, Anna. Pense à moi quelquefois.

Il a déjà remis le moteur en route et passé la première. Il faudrait me rasseoir, le tourner de force vers moi, lui dire… quoi au juste ? La confusion totale dans laquelle il me met ? Le trou que creuse son soudain éloignement ? La voiture commence à avancer. Il ne veut pas entendre. Il part. J'extrais de la voiture la moitié de moi qui y était encore, je me retrouve sur le trottoir pour voir la 4 CV s'éloigner, sans un regard en arrière du conducteur.

Une espèce de bouffée de douceur m'envahit le ventre et je me mets à pleurer.

Louis m'attendait, je crois qu'il était inquiet.

– Léon n'est pas avec toi ?

– Il est reparti s'occuper de sa tante. Elle est seule chez lui, il a juste pris le temps de me déposer.

– Tu as déjeuné ?

– La tante de Léon ne voulait partir qu'après sa sieste. Nous avons mangé une omelette au bar d'Anjeva.

Je ne développerai pas nos agapes, Louis se poserait des questions, qui n'ont pas de raison d'être.

– C'était une balade passionnante. Je n'imaginais pas qu'un cimetière familial pouvait être aussi vaste. D'ailleurs on a plus l'impression d'un lieu de culte que d'un cimetière.

Et j'en rajoute sur ma découverte de la « malgassitude ». Louis semble rassuré, je n'ai pas les cheveux ébouriffés et les joues trop roses de quelqu'un qui aurait profité de l'escapade pour se livrer à des activités licencieuses. C'est qu'il est responsable de moi. Que diraient mes parents s'ils apprenaient qu'il m'a laissée batifoler avec un Malgache ? Qu'il se rassure, nous sommes restés dignes et sages. Nous aussi, nous connaissons le poids des interdits.

Jamais retour au lycée ne m'a semblé plus étrange. Pour la première fois, je suis incapable de raconter mon week-end autrement qu'en m'en tenant aux événements, et encore. Pour Hélène aussi, j'ai réduit le déjeuner d'Anjeva à quelques bouchées avalées vite fait sur une table de Formica. Deux heures de tête-à-tête lui auraient paru suspectes. Et qu'aurais-je dit ? Je ne vais pas recommencer le genre de récit enfiévré que je leur ai servi à chacune de mes rencontres avec Arnaud. Je ne veux pas parler et encore moins assimiler Léon à l'élégant désinvolte de mes rêves d'avant. Arnaud enfiévrait mon imagination, mais je n'ai jamais ressenti la moindre communication réelle avec lui. Léon me bouleverse et me fait trembler. Il m'a quitté sur un adieu, car si nous nous approchons encore l'un de l'autre, nous ne pourrons pas nous tenir à distance. Je ne le reverrai peut-être jamais, mais en deux phrases il a changé ma vie. Je suis devenue précieuse.

11

Je flotte toute la semaine, sous le regard inquisiteur de Fanja. Je suis incapable d'imaginer la moindre suite à mon dimanche dans la campagne malgache. Le compteur de mon imagination est bloqué à zéro. Je suis cantonnée à me repasser le film de la journée. Au-delà, je suis paralysée. Mais le film garde son effet magique et me laisse chaque fois dilatée de bonheur. Je ne veux pas savoir ce que sera demain, il n'y aura peut-être pas de demain, hier me suffit, et même aujourd'hui. Car j'ai la certitude que, pas plus que moi, il ne parvient à s'extraire ce dimanche de la tête.

Fanja se doute de quelque chose. Il n'a pas pu cacher à sa famille qu'il m'avait emmenée à Ambohimalaza en allant chercher sa tante. Comme moi avec Louis, il a dû minimiser les événements pour les rendre anodins. Mais Fanja doit flairer de loin toutes les filles qui attirent l'attention de son frère. Comme s'il était sa propriété.

– Ça t'a plu, le village de mes ancêtres ?

– Je n'ai jamais vu un aussi grand cimetière pour un village si petit.

– Nous y sommes tous depuis vingt générations. Et nous y serons un jour Léon et moi.

Sous-entendu, il n'y a pas de place pour les étrangères dans notre clan, ni mortes ni vivantes.

– Je l'ai bien compris. D'ailleurs votre vieille tante m'a semblé tenir aussi à être enterrée là.

Fanja n'insiste pas, elle a deviné que je glisserais la vieille tante dans chacune de mes réponses. Mais elle n'est pas convaincue de mon innocence.

L'avenir étant totalement opaque, je vis la semaine au présent : un cours, puis un autre cours, des devoirs, des notes, et l'écriture de la fin de la pièce. Il nous faut un mois et demi pour être prêtes. Nous sommes mi-mai, il est temps de commencer les répétitions.

Nous nous dépêchons de recopier le texte en autant d'exemplaires qu'il y a de comédiens, c'est la partie la plus fastidieuse de l'aventure, mais elle nous permet toujours d'affiner quelques détails. Puis nous passerons à la mise en scène. J'y joue toujours le rôle de leader. Ça m'est égal de n'être qu'un personnage secondaire, le plus antipathique au besoin. Ce qui m'excite dans la pièce, c'est ce moment où elle devient un spectacle.

Et le week-end arrive sans que j'y aie pris garde.

Mme Bastien m'attend au pied des escaliers du porche. Elle a posé une collerette de dentelle blanche sur sa robe grise. Son visage en est tout éclairé.

– As-tu beaucoup de travail ce week-end ?

– Pas grand-chose, un peu de latin, une leçon de sciences nat et quelques exercices de maths. Pourquoi, vous avez besoin de moi ?

– Si tu as le temps, j'aimerais que tu m'aides. Une quarantaine de pasteurs sont montés à Tana rencontrer François Bosc qui est venu de France pour notre synode. Ils se retrouvent chez nous en fin d'après-midi.

Magnifique ! Je vais jouer les jeunes filles de la maison. Je serai une utilité souriante, je n'aurai pas le loisir de penser à autre chose et je rendrai service à Mme Bastien ce qui soulagera ma conscience.

– Aucun problème. J'ai largement le temps de finir mes devoirs demain. Dites-moi ce que je dois faire.

C'est bien la première fois que je manifeste de l'enthousiasme pour les activités qui se déroulent chez elle. Elle va croire à une mutation, effet de ses prières.

– C'est très gentil de ta part, Anna. Dans de telles circonstances, les garçons ne me sont pas d'un grand secours.

Pour la première fois aussi, c'est elle qui s'adresse à moi, pas l'épouse du pasteur. En cet instant elle est juste une femme un peu lasse, qui ne doit pas trouver beaucoup de soutien auprès de ses cinq hommes. Pour passer les plats, elle peut compter sur moi.

Le synode proprement dit, avec ses discussions et ses conférences, doit avoir lieu au temple d'Andohalo, seul lieu assez vaste pour accueillir les participants. Ces messieurs arriveront vers 5 heures pour le thé, les jus de fruits et ce qu'on aura trouvé à mettre autour.

Un grand tablier sur le ventre, je tartine à toute

allure : les petits sandwichs d'apéro n'ont pas de secret pour moi, dans les soirées, c'est ma principale activité. Un œil dans la cuisine, l'autre sur l'extérieur, je supervise aussi l'aménagement du jardin.

– Étienne, la petite table ronde, ici, sous la véranda. Quatre chaises métalliques autour. La table est rouillée, il faudrait une nappe.

– Dans l'armoire du couloir, indique Mme Bastien, les joues roses d'excitation.

Recevoir François Bosc est un honneur dans la communauté protestante.

Pendant que Bruno et Nathan prennent le relais pour les sandwichs, je cours rajouter des chaises au salon, dépoussiérer le canapé de rotin de la véranda, enlever le filet de volley qui occupe le centre du jardin.

J'ai à peine l'occasion de me demander ce que fait Léon, ni à quoi il peut penser, maintenant que le week-end est revenu, que je suis à nouveau accessible. J'en frémis, mais il a dit qu'il me rendait à mes amies. Entre sa famille, la mienne, les Bastien, il pense que nous n'avons pas le choix. Mais est-ce que ça les regarde ? Cette histoire est trop compliquée, je refuse de réfléchir.

Les premiers invités, conduits par M. Bastien, franchissent le portail. Ils sont les bienvenus.

Les réunions de pasteurs sont les seules qui mélangent totalement Français et Malgaches. Il y a à peu près autant des uns que des autres dans ce métier. Plusieurs sont accompagnés de leur épouse. Tout ce monde est bavard, joyeux et assoiffé d'avoir beaucoup devisé sur l'avenir de l'église missionnaire.

Je cours de l'un à l'autre, mon pichet de jus d'oranges à la main. J'apporte des tasses de thé aux dames, j'envoie Nathan chercher d'autres sandwichs à la cuisine. Plus tard, je serai restauratrice. Je n'aurai pas besoin d'essayer de plaire, on m'aimera pour ma cuisine.

Regroupés entre eux, hors de la présence de leurs ouailles, les pasteurs redeviennent des gens comme les autres. Ils n'ont plus de rôle à tenir, et ils sont contents qu'on prenne soin d'eux.

– Anna, il n'y a plus de glace.

– Vous auriez un peu de citron ?

– Il vous reste de ces délicieuses tartines aux achards ?

Je cours de la véranda à la cuisine, des plateaux plein les mains, houspillant mes marmitons au passage. Et ce que je redoutais et attendais tant se produit : Léon descend les escaliers vers le jardin. Nonchalant, les mains dans les poches, en m'effleurant seulement du regard.

Il va saluer les maîtres de maison, qui semblent trouver sa présence normale, puis il part à la recherche de Louis qui le prend amicalement par le bras et le conduit à François Bosc, l'invité d'honneur. Je ne l'aurais jamais pris pour un pasteur celui-là. Il est grand, mince, élégant, et accompagné d'une fort jolie femme. À leurs chaleureuses embrassades, je suppose que François Bosc et Louis se connaissent depuis longtemps. Ils se lancent dans une conversation passionnée, à laquelle Léon se mêle par moments, s'attirant les regards intéressés de François Bosc, et un sourire de fierté paternelle de Louis. Il est bien ce petit ! Il ira loin.

– Alors, Anna, te voilà embauchée pour le synode ?

Marc Escande, notre pasteur de Tamatave est venu, lui aussi, au grand meeting protestant. Je suis contente de le voir, il est de la race des Louis, plus chercheur que prêcheur, mais là, il tombe mal.

– J'ai rencontré tes parents avant-hier. Ta mère m'a confié une lettre pour toi.

Impossible de le planter là. D'ailleurs pourquoi le ferais-je ? Léon ne m'a pas adressé le moindre signe de connivence, et il ne semble pas près de quitter ses deux interlocuteurs. Il n'est peut-être venu que pour François Bosc.

– Comment ça va à la maison ?

– Ta mère est un peu fatiguée…

Elle l'est toujours.

– Ton père a trouvé de nouveaux clients à Vatomandry…

Bon prétexte pour filer en brousse loin des soupirs de maman.

– Et les filles me chargent de t'embrasser.

Rien de nouveau sous le soleil, la lettre de maman me racontera cela en détail, les soupirs en moins, car dans ses lettres maman est joyeuse et positive par principe.

Entre les dos et les têtes, j'aperçois juste un morceau du profil de Léon, tourné obstinément vers François Bosc.

– Je meurs de soif. Pourrais-tu me trouver un peu de Perrier ?

– Tout de suite.

Je file vers la cuisine, sans me retourner et j'y reste un bon moment, le temps de remettre de l'eau à chauffer pour du thé, de vider une boîte de gâteaux secs dans un compotier, de remplir le Frigidaire de nouvelles bouteilles. Quand je ressors, mon Perrier d'une main, les gâteaux de l'autre, le regard de Léon est braqué sur moi. J'esquisse un rapide salut, et je retourne à mes obligations.

Je navigue dans la foule, mon compotier devant moi, récoltant sourires et remerciements. Je ne le regarde pas, mais je ne le perds jamais de vue. Il m'a signifié que nous ne devions plus nous voir, ce n'est pas à moi d'enfreindre sa décision. Mon compotier est bientôt vide, je repars à la cuisine quand je devine qu'il se détache de son groupe et marche vers moi.

– Un petit gâteau ? proposé-je en lui tendant le compotier.

– Comment ça va, Anna ?

Il n'est plus si nonchalant.

– Tu vois, je m'occupe. Tu as assisté au colloque ?

J'essaie de me forger une voix simplement aimable.

– Je me suis fait inviter ici, pour te rencontrer. Depuis dimanche, je ne cesse de penser à toi.

– Ah !

Je n'arrive à rien dire d'autre.

– Je voudrais te revoir, souvent.

– Oui…

– Tu… tu serais d'accord ?

Je crois que je vais fondre sur place de ravissement.

– Oh oui !

Il s'éclaire, comme une maison dont on ouvre tous les volets d'un coup.

– J'imagine que tu ne peux pas bouger d'ici ?

– J'ai promis mon aide à madame Bastien jusqu'à la fin de la soirée.

– Il ne faut pas perturber la réception. Finis ton travail, je reviendrai demain.

Nous sommes séparés par un mètre de bonne manière, mais un chemin d'électrons grésillants nous relie plus fort que si nous étions enchaînés l'un à l'autre. Léon s'éloigne, il retourne vers les hommes sérieux, et moi je reprends mon rôle de soubrette. J'ai des ailes aux pieds et un regard d'aigle, plus rien ne m'échappe : les tasses qui font des auréoles sur les meubles, les dames lasses à conduire vers un fauteuil, les messieurs assoiffés qui n'osent pas réclamer un second whisky, les plateaux vides à emporter… je suis partout, et, de temps en temps, je lève la tête et nous nous sourions.

Puis, d'un seul coup, la nuit tombe et avec elle, la fraîcheur du soir. Les dames resserrent leurs châles ou leurs *lamba* sur les épaules, et se mettent à chercher leur mari. Les lumières du jardin sont trop maigres pour lui conserver l'air accueillant. Par petits groupes, les pasteurs s'en vont, après un dernier salut à leurs hôtes.

Blottie dans l'ombre du grand bougainvillier, je le sens venir vers moi. Sa main trouve la mienne.

– Je crois que je t'aime, Anna… C'est embêtant.

– Je crains que la même chose soit en train de m'arriver.

Il serre ma main plus fort.

– Nous ferons face ?

– On essaiera, dis-je radieuse, en posant légèrement, le temps d'une seconde, la tête sur son épaule.

On en tremble presque.

– À demain.

Il grimpe l'escalier avec l'allégresse d'un général vainqueur. Je vais avoir du mal à me concentrer sur la vaisselle.

12

Et voilà, c'est dit. Maintenant nous ne pouvons plus revenir en arrière. Nous avons essayé de résister, moi en me réfugiant derrière les barrières des convenances chaque fois qu'il avançait un peu trop près, lui en appelant à la rescousse tous les interdits qui devraient nous séparer. Seulement comme on avançait de trois pas pour ne reculer que d'un seul, on a fini par se rejoindre.

Calée contre mon oreiller, entourant à deux bras mes jambes repliées, je pose la tête sur mes genoux et je revis ses paroles : « Je crois que je t'aime... » concentré. Silence, puis, soudain facétieux : « c'est embêtant. » Merveilleusement embêtant.

Je bascule doucement sur mon lit, toujours en chien de fusil, serrée sur moi-même pour conserver cette joie à l'intérieur, ne pas la laisser filer. Demain... on verra bien comment se passera demain.

À partir de 11 heures l'attente devient insupportable. Il n'apparaît pas au culte, ni aucun autre membre de sa famille. Le repas de dimanche s'étire à n'en plus finir. Il sera peut-être là pour le café. Pas encore. Le temps se met à passer très vite : plus que quatre heures avant mon retour au lycée, plus que trois heures et demie… J'en pleurerais de rage et d'impatience. Impossible de m'intéresser aux aventures de Chicot, ma vie a pris le pas sur la sienne désormais. Plus que trois heures… je me lance dans une partie de rami avec Nathan et Bruno. Au moins je suis obligée de porter attention à mes cartes.

À 17 heures, l'heure de la partie de volley, il pousse enfin le portail, me cherchant des yeux. Toute ma tension tombe. Il est là, le monde est en ordre. Hélas, nous sommes seuls à savoir que c'est pour moi qu'il est venu, pas pour ce foutu volley. Des deux côtés du filet, on le hèle à grands cris. Je sens que je vais hurler.

Mais c'est vers moi qu'il marche en premier.

– Je suis désolé Anna, ma mère avait invité la moitié de la famille, j'ai dû tenir le rôle de maître de maison. Je n'ai pas pu m'en aller plus tôt. Mes pensées ne t'ont pas quittée de la nuit. Je te les ai écrites, je ne pouvais pas attendre. Tu veux bien lire ma lettre pendant que je sacrifie un moment au rite du volley ?

Je donnerai vingt mornes dimanches pour une telle minute ! Il me tend une longue enveloppe crème et me serre doucement les doigts.

– À tout à l'heure.

Anna

Pour ces quelques instants sous le bougainvillier des Bastien, je déplacerais des montagnes et pour ton regard complice quand tu me cherchais entre les têtes et les dos de ces pasteurs, je viderais des océans à la petite cuiller. Je t'aime, Anna, tu es ma vie et ma lumière.

Ton regard si sérieux quand tu écoutes, tes cheveux qui volent et sentent la vanille, la clarté de ton sourire quand tu ne te forces pas à paraître distante…

Suivent un tas de considérations qui me rendent molle de bonheur.

Je croyais que cette journée à Ambohimalaza creuserait entre nous un fossé infranchissable. Tu ne pouvais pas t'intéresser à un type inféodé à une armée de morts. Une fois ton mépris installé, je n'aurais plus qu'à ensevelir l'attirance trop grande que j'ai pour toi. Évidemment, je n'ai pas pu trouver les mots qui nous auraient séparés. Je n'ai même pas essayé. Et puis rien ne te rebutait, ni le cimetière démesuré, ni le minuscule village, ni ma maison délabrée. Alors je t'ai invitée à Anjeva et j'ai passé deux heures en face de toi à mourir d'envie de t'embrasser. Je me suis encore un peu débattu, mais ça ne servait à rien, tu étais la plus forte.

Je t'aime Anna, mais mes ancêtres sont toujours là, et ma famille, et ta famille, et tes amis et les Bastien. Entre nous il n'y aura pas de fossé, c'est entre eux et nous que ce ne sera pas facile.

Que notre amour résiste aux autres, Anna. Mets-moi comme un sceau sur ton cœur, et garde-moi.

Pourquoi ne puis-je pas m'arrêter de pleurer ? Oh, mon grand-père préféré, si tu lisais cette lettre, tu me bénirais d'avoir croisé la route de ce garçon, et comme lui, tu me dirais sûrement que les autres ne nous feront pas de cadeaux !

Depuis hier, je chasse cette évidence. Et puis il y a autres et autres. Chez les Flamand, on commencerait sans doute par me brosser un tableau bien cru de l'hostilité que notre folie va soulever, mais je sais qu'on se réjouirait aussi de me savoir en de si bonnes mains. C'est peut-être Léon qu'on mettrait en garde contre ma jeunesse, mon impulsivité... Mais au Sport Club ?... Et à la maison ? Je refuse d'y penser, Léon trouvera la parade. Je suis certaine qu'il séduira papa. Maman, ce sera plus compliqué... Quelle importance, maman est à Tamatave, je suis ici et Léon aura bientôt fini de taper dans ce stupide ballon.

Je relis la lettre et la relis encore, et m'en délecte.

Mets-moi comme un sceau sur ton cœur... Comme le roi Salomon à sa bien-aimée.

Et voilà qu'il revient, sa chemise marbrée de latérite, en sueur bien sûr, relevant de ses doigts en peigne la grande mèche raide qui lui tombe dans les yeux. Il fait souvent ce geste qui est en train de me devenir familier. Il s'assied sur le muret de la véranda, en face de mon fauteuil de rotin, je ne le laisse pas parler le premier.

– C'est la plus belle lettre qui ait jamais été écrite.

– Tu en as lues tant que ça ?

– Je n'ai pas besoin de comparaison.

Nous parlons à voix basse, à une respectueuse distance l'un de l'autre. Vu du terrain de volley ou de la cuisine où officie Mme Bastien, les apparences sont sauves.

– À quelle heure dois-tu retourner au lycée ?

– À 7 heures, pour le dîner.

– Je vais aller saluer les Bastien et je partirai. Je t'attendrai un peu plus haut dans la rue, en face des escaliers. Tu pourras venir ?

Mon cœur part en dérapage.

– Je viendrai.

– Ça ne t'ennuie pas que nous nous cachions encore un peu ? Je voudrais réfléchir à la façon de nous montrer.

– On se cachera pendant des mois, si tu veux, du moment qu'on trouve une bonne cachette.

Il en rit de plaisir. Nous restons encore un moment, sagement assis l'un en face de l'autre à parler de contes mérina en crépitant doucement d'impatience.

Puis il fait son tour de politesse : cinq minutes pour les garçons, deux pour la maîtresse de maison, et dix pour M. Bastien qui apprécie son jugement sur des points de politique et même parfois d'analyse biblique. Et il s'en va.

Je m'efforce de rester assise calmement, je ne peux pas le suivre dans la foulée. De tout le week-end, je ne quitte cette maison que pour aller au culte ou rentrer au lycée. Je ne connais personne à proximité, il n'y a aucun magasin dans le quartier. Aucune excuse ne tiendra la route. Je dois filer en douce.

Je ne crains pas grand-chose des garçons, trop centrés sur leur ballon ou leurs jeux de cartes, ni de M. Bastien, enfermé dans son bureau. C'est elle que je redoute. Elle n'arrête pas d'aller et venir entre la véranda, la cuisine et les chambres. Et elle m'a cataloguée. Ma brillante prestation d'hier l'a juste rendue plus compatissante.

Coup d'œil discret dans la cuisine, elle attaque l'épluchage d'un gros tas de légumes. Je dois avoir le temps, et je reviendrai l'aider à mon retour. En trois bonds, je suis derrière le bougainvillier et en deux autres, je suis dehors.

Je cours, ici je ne risque rien, la rue est presque vide et les rares passants sont des Malgaches qui ne me connaissent pas. Il m'attend, en face des escaliers. Nous nous regardons un moment sans rien dire, le souffle court. Il prend mon visage entre ses deux mains. Ses lèvres sont plus suaves que la caresse du vent du soir. Je m'écrase sur sa poitrine.

Douce folie qui nous fait tourner en rond l'un contre l'autre, qui nous cabre et nous cambre attirés l'un vers l'autre comme des aimants. Douce folie de sa bouche qui écrase la mienne et de ses mains qui pétrissent mon dos, ma taille, mes hanches. Lente griserie de nos lèvres qui s'effleurent, de nos doigts qui se croisent, de nos souffles qui se mêlent. Je fonds, je me dissous. Et le ciel peut bien nous tomber sur la tête.

– Je ne retournerai pas à Ambohimalaza dimanche prochain.

– Je m'en doute.

– Sous quel prétexte les Bastien te laisseraient-ils sortir ?

– Une séance de cinéma avec des amies de l'internat. Ils ne les connaissent pas, ils n'oseront pas vérifier.

– Je t'attendrai à 16 heures, samedi, au Ritz.

– Merveilleux !

– Minable plutôt. Mais ça ne durera pas, je te le promets.

– Je m'en moque. J'inventerai mille tricheries pour te rejoindre. Tu verras, je suis ingénieuse.

– Ingénieuse et irrésistible. Je t'aime, je voudrais le crier partout.

– Alors viens me chercher chez les Bastien. Ils en avaleront leur luette, mais je ne crois pas qu'ils m'interdiront de te suivre.

– Et une heure plus tard, tout Tana se mettra en branle pour nous séparer. Il faut s'y prendre autrement.

– Puisque tu le dis…

– Je vais y réfléchir. Toi aussi ?

– Oui…

– On ne peut pas s'aimer comme des voleurs.

Comme des voleurs ou autrement, pourvu qu'il pose ses mains sur moi comme on happe une proie…

– Si tu en parlais à Louis ? murmuré-je pour faire preuve de bonne volonté.

– J'y avais songé. Je le verrai demain.

Je n'ai plus besoin de me creuser la tête, je me laisse aller. Jusqu'à ce que Léon me repousse doucement en assurant que je ferais bien de rentrer maintenant. Il a sûrement raison.

– À samedi prochain.

– Je t'écrirai chaque jour.

Pour être sûr de s'éloigner, il dégringole les escaliers en vitesse et moi je rejoins la maison, les yeux mi-clos sur mon bonheur, en zigzag comme une femme ivre.

J'ai beau pousser le portail le plus lentement possible, glisser la moitié de la tête d'abord, n'apercevoir personne, et rejoindre en douceur le bougainvillier, elle sait. J'ignore quand elle m'a vue partir, mais ses lèvres pincées et son air navré en disent plus qu'un sermon.

Ça ne la surprend qu'à moitié. Depuis trois ans qu'elle me reçoit, elle m'a vue tourner à l'aguicheuse. Elle a craint, d'abord, que je m'attaque à ses fils. Avec leurs gros genoux et leur démarche de porteurs d'eau, ils ne risquaient pas grand-chose. Elle a dû flairer Léon tout à l'heure, peut-être même hier, pendant la réception. Pauvres parents, cette gamine n'a pas de vergogne ! À quinze ans, et avec un Malgache en plus ! Un garçon bien, c'est vrai, excellente famille, protestant, bonne éducation, mais quand même…

Je lis sa désolation sur sa figure et j'ai envie de vomir. Mais je ne lui ferai pas la grâce de me conduire en fautive. Je me saisis du second épluche-légumes et j'attaque les carottes avec ardeur.

– J'ai bien le temps de vous peler ce tas avant de rentrer au lycée.

– C'est gentil à toi, dit sa bouche mais son visage affligé me traite d'impudente.

Je tournerai dans les bras de Léon jusqu'à mourir de vertige, et vous continuerez à vous dessécher sur place, confite en vertu et en désolation. N'empêche, j'ai la rage au cœur et je voudrais fuir au plus vite.

– Je vais préparer mon sac.

Il est temps de rentrer, de me réfugier derrière les larges murailles de l'internat, au chaud contre le giron d'Hélène. Et de relire ma lettre.

13

– Alors, tu as revu Arnaud ?

Depuis un mois, chaque dimanche soir, Hélène me pose la même question.

– Non.

Comment avouer qu'en deux jours ma vie a basculé, que mon prince charmant d'hier me semble un souvenir d'enfance, un conte de fées pour petite fille sage que je ne suis plus ?

– Je crois qu'il sort avec Éliette de Trévise.

Je ne pourrai plus parler d'Arnaud, autant tuer le mythe tout de suite, et puis j'ai besoin de leur compassion pour me barricader contre le jugement des Justes, des Bienséants. Quand elle m'a raccompagnée jusqu'au porche du lycée, Mme Bastien m'a demandé, comme chaque fois :

– Tu reviens samedi prochain ? sur un ton d'une parfaite gentillesse, à la hauteur de l'hospitalité d'une femme de pasteur.

Elle ne ferait pas à ma mère la peine de me fermer sa maison. Je serai, bien sûr, sous haute surveillance, c'est son devoir d'amie. J'ai eu envie de lui jeter mon sac à travers la figure, mais pour revoir Léon, il faut d'abord que je sorte du lycée.

– Avec plaisir ! ai-je remercié en ravalant ma honte.

Fille perdue, et avec un Malgache ! Comment raconter cela à Hélène, lui dire que mon cœur a explosé et que j'enrage ? Mieux vaut continuer à me servir d'Arnaud.

– On les rencontre partout ensemble, dis-je d'un air buté. J'aurais dû m'en douter dimanche dernier, elle était accrochée à lui comme une sangsue.

Je vais noircir le tableau, en rajouter dans la déconfiture et me faire bien dorloter. Une fois enfoncée dans mon mensonge, je ne pourrai plus en sortir et le reste ne passera pas mes lèvres. Il faut attendre, qu'il ait vu Louis et qu'il trouve un moyen de clouer le bec à tous les Bastien de la terre.

Hélène me prend doucement par les épaules :

– Ça tombe bien que tu sois rentrée tôt, on a besoin de toi pour la scène finale. Ce qu'on a écrit est trop mièvre, tu veux bien nous corser un peu les dialogues ?

Hélène, tu es ma bonne fée. Je sens que je vais pleurer de nouveau, ce sera une bénédiction.

Ce dimanche soir, 11 heures…

Pas facile d'écrire proprement, accroupie dans les toilettes avec une lampe de poche. Je pourrais peut-être attendre demain, l'heure de permanence. Mais si on me surprend avec cette lettre, je risque l'exclusion définitive cette fois.

Tu me manques comme l'eau pour boire, le soleil pour me réchauffer…

C'est nul, plat, convenu, mais comment parler du tumulte de mon corps, quand il m'a quittée il y a quelques heures ?

Je voudrais te tenir par la main, me blottir contre toi, m'asseoir à tes côtés et t'écouter pendant des heures. Puis partir avec toi sur les routes, cahoter dans les ornières, grimper à l'assaut de l'Ankaratra, dormir sous les manguiers, regarder le ciel devenir noir d'orage et nous tendre, ensemble, vers les lourdes gouttes de pluie tiède avant de les boire sur tes lèvres.

Je voudrais découvrir les moindres recoins de ton pays jusqu'à ce que j'en sois si imprégnée, que je comprenne à demi-mot, avant même que tu m'expliques.

Je serai ton amie, ta compagne, ton amante, ce qu'il te plaira que je sois, et que les bien-pensants aillent au diable. Tu avais raison de me conseiller la prudence. Madame Bastien a compris. Pour qu'elle me laisse aller au cinéma samedi prochain il va me falloir un alibi en béton. Mais tu peux me faire confiance, je trouverai.

Quand je ferme les yeux, mon bras s'étire à travers la ville, jusqu'à ce que je puisse poser la main sur ton épaule. Il est 11 h 20, est-ce que tu la sens ?

Je te garde sur mon cœur pour la nuit entière et le jour qui vient.

C'est une bien petite lettre, qui n'est pas à la hauteur de la sienne. Mais ce soir, dans ce lieu malodorant, je n'arrive pas à faire mieux.

La routine de la semaine me rend ma sérénité. La mine pincée de Mme Bastien s'estompe et Léon prend place dans ma vie. Au début de l'étude du soir, pendant une demi-heure, je lui écris pour courir le lendemain glisser ma lettre dans la boîte proche du lycée. Il a la sagesse de ne pas me répondre. Ici, parfois, le courrier est ouvert. Je n'ai pas besoin de réponse, je sais qu'il m'attend. Pour le cinéma, je pense avoir une parade à la méfiance des Bastien. Mme Sicard, notre professeur d'histoire, nous a recommandé un film sur Bonaparte, interminable mais splendide paraît-il, qui passe justement au Ritz samedi. Marie-Odile a décidé d'y aller avec Sonia et Frédérique pour y retrouver en fait une troupe de galants du lycée Gallieni. Je n'aurai qu'à me glisser dans le groupe.

J'ai retouché la scène finale qui n'était pas si mièvre et nous entrons en répétitions.

« Mon Seigneur est soucieux ? »

Assise au pied du trône, sur un oreiller, ersatz de coussin richement brodé, je lève vers mon maharadjah de mari un visage empreint de sollicitude.

« Les nouvelles sont mauvaises. Les sikhs ont traversé le fleuve. Ils ravagent les provinces du Nord. »

« Les sikhs n'ont jamais respecté les traités. Dès qu'ils ont racheté assez de chevaux et recruté assez d'hommes, ils rompent la trêve. »

« Mais cette fois je n'ai plus de généraux pour leur tenir tête. Le redoutable Ganidji a succombé à l'âge et à ses blessures. »

« Mon Seigneur n'a peut-être pas bien examiné ses troupes. »

« Que veux-tu dire ? » gronde la grande Adeline en me toisant avec colère.

« Que mon Seigneur pardonne mon audace, mais des rumeurs sont venues jusqu'à moi… »

Je laisse un blanc.

– J'ai l'impression que je ne suis plus dans le ton ? je questionne, embarrassée.

Comme Adeline entre en fureur, pour la calmer je dois jouer l'obséquieuse et ça ne colle pas avec mon personnage. La maharanée est trop orgueilleuse pour s'abaisser ainsi. Il va falloir une fois de plus expliquer à Adeline qu'on n'est pas au guignol et que les grands rois ne sont pas automatiquement des Jupiter tonnants. Le nôtre est usé et abattu, sinon c'est lui qui prendrait la tête de ses troupes.

On en a pour une demi-heure de palabres. Au premier rang, Hélène, Geneviève, Marie-Odile, Frédérique et Sonia mordillent leur crayon et s'interrogent.

– Il me semble, émet prudemment Frédérique, que vous forcez un peu les personnages.

Merci pour le « vous » qui ménage la susceptibilité d'Adeline.

– La maharanée n'est pas si mielleuse, continue Geneviève.

– Et le roi, peut-être un peu moins exalté. N'oublions pas qu'il est âgé, enchaîne Sonia.

– D'accord, reconnaît Adeline. On reprend.

Nous avons économisé une crise.

« Mon Seigneur est soucieux. »

Une pointe plus maîtrisée, plus partenaire que tout à l'heure. Ça devrait guider Adeline dans la bonne direction.

Nous avons encore une heure devant nous pour

peaufiner les trois premières scènes. La salle des fêtes sent l'encaustique et la poudre de DDT, le plancher de la scène craque sous mes pas. Derrière Hélène, Geneviève, Sonia et les autres, les vingt rangées de sièges vides luisent dans la demi-obscurité. Pour trois semaines, de 18 heures à 19 h 30, ce lieu est à nous. Nos personnages s'incarnent, se nuancent, s'articulent les uns aux autres, nos répliques se modulent ou nous apparaissent tellement mauvaises que nous les réécrivons sur-le-champ, les talons martiaux claquent, les cœurs blessés s'affaissent, les pompeux se redressent, les perfides se font souples, notre pièce se met à vivre.

Mon existence banale s'est remplie d'un coup à ras bord. Je n'ai pas l'habitude de ce trop-plein de joie. Je devrais me méfier, les Grecs disaient que les dieux, jaloux du bonheur des hommes, leur décochent vite une petite catastrophe pour leur rappeler l'humilité.

– Alors, demande Fanja, elle prend forme votre pièce de théâtre ?

– Je serai ravie de te convier à la représentation.

Chaque comédien a droit de choisir dix invités parmi les externes. C'est le maximum que peut contenir la salle des fêtes en plus des internes et de l'encadrement. Hélas nous ne sommes pas autorisées à prendre nos invités hors du lycée, Léon ne me verra pas dans mes œuvres. J'espère que Fanja sera un bon reporter.

– Vous répétez combien de fois par semaine ?

– Tous les jours.

– Y compris le week-end ?

– Non. On n'est jamais au complet le week-end, avec les sorties.

– Tu sors, toi, dimanche prochain ?

Ce n'est pas une question de pure forme. Il y a de l'enquête là-derrière.

– Peut-être, dis-je évasive, si les Bastien ont de la place pour moi.

Fanja n'aime pas me voir dehors en liberté, à portée de main de son frère. Sait-elle que sa méfiance est justifiée ? Que son joli frère l'a posée sur moi, sa main, que ça m'a fait chaud partout et que nous nous apprêtons à recommencer mille fois ?

Lundi j'ai failli tout lui dire. Il me fallait bien parler de Léon à quelqu'un. Un bonheur, ça se partage, ça ne s'enferme pas à l'intérieur avec un couvercle par-dessus pour l'empêcher de jaillir. Je pensais qu'elle se réjouirait avec moi. Et puis j'ai vu ses yeux, plus fins que des lames de rasoir, quand elle m'a demandé, la bouche souriante, si j'avais passé un bon week-end.

– Banal, ai-je aussitôt répondu pour couper aux questions.

Ses yeux sont restés méfiants.

Si les autres doivent aussi englober Fanja, notre route sera difficile, mon amour. C'est de ta faute aussi, tu es la fierté de ta famille, le fleuron de ta tribu, on ne te lâchera pas comme ça, pour une petite Française en panne de soupirants.

Tu ne pourras rien contre nous, Fanja. Il m'aime, ton précieux frère. Vraiment. Ce n'est pas une passade de gamin. Si tu ne me crois pas, je te montrerai sa lettre... Nom de Dieu, mes lettres... Si elle les a vues arriver, elle sait. Je n'ai pas mis mon nom dessus, mais mon écriture de mouche éclopée est facilement reconnaissable. Elle est capable de fouiller les tiroirs de Léon pour les trouver. Si elle les avait lues, poserait-elle ces questions insidieuses ? Elle n'est pas sûre, elle se doute, elle sonde. Elle me surveille, comme Mme Bastien.

Samedi il nous faudra redoubler de prudence. Je sens que Léon n'appréciera pas ces précautions de coupables.

– Le professeur d'histoire nous a conseillé un film qui passe au Ritz cette semaine, sur Napoléon, un grand truc assez long mais instructif, paraît-il. J'ai plusieurs amies qui y vont à 16 heures, ça vous ennuierait de m'y déposer ?

Présenté comme ça, elle ne devrait pas refuser.

– Votre professeur vient avec vous ?

– On ne sait pas si elle sera là à la séance de l'après-midi ou à celle du soir. Mais j'ai pensé qu'à 16 heures c'était plus pratique pour vous.

– En effet, accepte-t-elle du bout des lèvres. J'en profiterai pour faire quelques courses.

Elle n'est pas dupe, pas tout à fait. Mais le soupçon n'est pas une conduite évangélique. Bien sûr on ne se laisse pas prendre une seconde fois. On veut bien être confiant, mais pas idiot. La seconde fois ne sera pas avant huit jours, d'ici là, j'aurai trouvé d'autres ruses.

Elle n'a pas un regard trop noir pour ma jupe en corolle et mes ballerines de danseuse de corde. Et elle ne sait pas ce que j'ai astiqué, épilé, embaumé, talqué, en dessous. Je ne connais pas de plus grand plaisir que de se rendre belle pour un homme qui n'attend que ça. Tartiner de crème mes mains tachées de pensionnaire jusqu'à les rendre lisses et douces comme de la soie, parfumer les creux de mon cou là où la peau est la plus tendre, enduire mes cheveux d'huile d'olive puis les laver au savon de Marseille pour conserver leur brillant et passer deux heures à les boucler au fer à friser au point d'en attraper des crampes, illuminer mes lèvres et ombrer mon regard jusqu'à me sentir troublée par mon propre reflet... en pensant constamment à l'effet que ça va lui faire, quelle jouissance!

Courbée devant ma petite glace de poche, la porte de ma chambre close, je parfais le travail commencé au lycée. Même si dans l'obscurité du cinéma, Léon ne remarque pas grand-chose de tant de soins pris pour lui plaire, moi je le saurai et m'en sentirai plus attirante. Puis j'enfile des lunettes de soleil et un grand cardigan de coton pour cacher ces préparatifs amoureux et je descends rejoindre mon chaperon.

Nous irons à pied à Analakely, elle n'a pas l'habitude de conduire la voiture familiale. C'est un effort important qu'elle s'impose pour moi. Si elle en comprend le but réel, elle en sera outrée. Mais je suis arrivée au point où je m'en moque. Mon impatience est trop grande.

La queue est déjà bien formée devant la caisse du Ritz. Marie-Odile est entourée de tant de copains, filles et garçons, qu'elle ne me voit pas. Mme Bastien tord le nez. Je fonce vers leur groupe en agitant les bras et en appelant les filles à voix haute. Le groupe s'ouvre,

Marie-Odile m'y accueille à grandes embrassades. L'apparence est sauve, mais Mme Bastien ne désarme pas si vite.

– Vous sortez à quelle heure ?

– 6 heures et demie, 7 heures, je ne sais pas exactement.

Elle n'avait pas prévu de rester si tard en ville, elle a son dîner à préparer et sans doute des tas d'autres tâches ménagères à assurer.

– Si vous voulez, je peux remonter avec mes amies. Certaines retournent au lycée ce soir.

Le lycée est à deux pas de chez elle, ça devrait la tranquilliser.

– On est trois à rentrer à l'internat, on fera le chemin ensemble, insiste Marie-Odile qui a dû inventer la même ruse pour passer l'après-midi avec sa cour de garçons.

– Très bien, je t'attends pour dîner alors.

Je lui sauterai au cou, mais j'ai surtout hâte qu'elle fiche le camp pour ne pas remarquer Léon dans les premiers, près de la caisse. Nous nous sourions, de loin, discrètement.

« Tu es belle », dit son regard.

Si tu savais le soin que j'y ai mis… Mais il faut attendre encore, à vingt mètres l'un de l'autre. Enfin, la caisse se décide à ouvrir, Léon disparaît à l'intérieur. Et ce caissier qui met un temps fou à vendre ses billets ! Cet après-midi, la lenteur malgache m'horripile.

– Je file rejoindre des amis, soufflé-je à Marie-Odile quand nous pénétrons dans la salle. À la sortie, tu ne m'attends pas, je rentrerai avec eux.

– Cachottière ! Amuse-toi bien.

Je laisse partir Marie-Odile. Léon me prend la main, on s'assied sagement sur les premiers sièges d'un des derniers rangs.

– Tu ne nous trouves pas un peu ridicules ? me glisse-t-il à l'oreille.

– Totalement, mais ça m'est complètement égal.

Enfin, la lumière s'éteint. J'incline la tête contre l'épaule de Léon, son bras s'enroule autour de moi, puis toute sa personne. Voilà cent soixante-huit heures que j'attends ce moment.

Quand enfin rassasiés l'un de l'autre, nous nous écartons, Léon murmure dans mes cheveux :

– Tes lettres sont… magnifiques.

Trop occupée par nos retrouvailles, j'avais oublié mes lettres.

– J'ai jugé plus prudent de ne pas t'envoyer de réponse.

– Je ne pensais pas que tu serais assez versatile pour m'oublier en une semaine.

– J'ai fait quinze brouillons, je te les donnerai.

– Chut ! proteste-t-on derrière et devant.

Nous gênons. Nous ne sommes pas venus ici seulement pour nous embrasser en fraude dans le noir comme des gamins, mais pour nous voir et parler de ce qu'on a gardé pour nous en une semaine.

– Si on allait se balader ?

Les couleurs, les odeurs et le grouillement du *zoma* nous attendent dehors, à deux pas du cinéma. Entre les chalands, les étals, les commerçants et les simples passants qui ne peuvent descendre à Analakely sans traverser le *zoma* pour le plaisir, on devrait passer inaperçus.

À cette heure de la journée, la plupart des marchands de fruits, de légumes, de poules et d'œufs ont plié bagages. Il ne reste que quelques vieilles tenaces derrière leurs bouquets de brèdes ou leurs pyramides de tomates ou de goyaves et leurs petits tas d'œufs groupés trois par trois. Mais les boutiques en dur sont encore ouvertes. Les marchands de vanneries : *sobika*, chapeaux, nattes…, les ferblantiers, les Indiens et leurs rouleaux de tissus chatoyants, les bouchers aux étals cernés de mouches. Et les vendeurs d'herbes médicinales, de charmes protecteurs, d'horoscopes compliqués qu'on ne peut emporter sans mode d'emploi.

Léon ne sait pas qu'il m'a lâchée dans la caverne d'Ali Baba. Je traînerais au *zoma* des journées entières.

– Tu as besoin de quelque chose ?

– De rien, mais tout est si tentant.

Je le tire par la main d'une boutique à l'autre, je me fais expliquer par un marchand rieur comment il a transformé un vieux bidon d'essence en cette merveille de petite lanterne argentée tant elle a été polie et martelée.

– Avec la bougie, la lumière est très jolie, assure le marchand.

– Où veux-tu la mettre ? s'amuse Léon.

– Au pied de notre lit, dis-je parce qu'il est évident que c'est sa place.

Ce n'est qu'en la prononçant que je comprends le sens de ma phrase. Je dois rougir un peu, mais je ne baisse pas les yeux. Léon me contemple avec une gravité de clergyman présentant la communion. Il me faut cette lanterne.

– Combien ?

– 10 francs.

– C'est un peu cher pour ma bourse.

– 8 francs, ça te va ?

– Je la prends, dit Léon, en s'interposant.

Il dépose la lanterne entre mes mains, comme une offrande.

– C'est toi qui l'allumeras.

Ma lanterne dans la main droite, mon épaule gauche calée contre celle de Léon, nous déambulons de bonheur. On achète encore une petite *sobika* verte et violette pour notre marché, on y dépose la lanterne, puis deux mangues bien mûres, un bouquet de soucis orange pour remercier Mme Bastien de m'avoir conduite au cinéma.

Sous l'aile de Léon, je cède à la tentation qui me tenaille à chaque fois que je traverse le *zoma* : m'arrêter chez un marchand de grigris. Parce qu'il n'est jamais inutile de se protéger contre le mauvais sort et que les perles de couleur aux vertus bénéfiques ont des formes et des teintes ravissantes.

– Tu veux quoi, ma fille ? Des perles pour la santé ? Pour plaire à ton amoureux ?

Léon n'est pas vraiment ravi de cette halte.

– C'est ridicule, Anna…

– Elles sont si jolies. Vous en avez une pour rester séduisante toute la vie ?

– J'en ai, mais toute la vie c'est beaucoup. Le pouvoir de la perle s'use. Il faut la changer de temps en temps. Si tu reviens me voir, je t'en trouverai une bonne à chaque fois.

Elle est gris clair, plate et lisse. Le vieil homme la passe à travers un petit cordon de coton.

– Tu la mets à ton poignet et tu ne l'enlèves plus.

Malgré sa mine sceptique, Léon accepte de me l'attacher.

– Ne t'en fais pas, lui glissé-je à l'oreille, je ne me laisserai pas aller pour autant.

– J'aime assez quand tu te laisses aller, me souffle-t-il en m'embrassant légèrement au creux du cou.

Quand je relève la tête, mon euphorie se volatilise. À quelques pas de nous, dans l'allée voisine, le fils Latreille me regarde avec des yeux ahuris, puis un sourire ambigu lui vient aux lèvres, un sourire méprisant. Il se détourne sans un signe de reconnaissance. Si j'en suis au point de sortir avec un Malgache, je ne suis plus fréquentable.

C'est une façon commode de panser son amour-propre de petit Blanc dont les avances ont été refusées, mais c'est aussi l'augure de ce que sera la réaction des trois quarts des Français qui me connaissent.

Je me mords les lèvres, me serre encore plus fort contre Léon et l'entraîne rapidement vers le fond du *zoma*.

– Qui est-ce ?

Sa sensibilité aux aguets a aussitôt capté mon haut-le-cœur et sa cause.

– Un con.

– Important pour toi ?

– Absolument pas.

– On en rencontrera d'autres, tu sais.

– M'en fous. Sont tous cons.

– Tu sais comme je t'aime, Anna, mais je ne veux pas te rendre malheureuse.

– Parce que tu crois que ces gens ont de l'importance ? Tu divagues, ma parole. Léon, avec toi j'ai commencé à vivre, et tu voudrais que j'y renonce pour quelques imbéciles bourrés de préjugés ? Ce n'est pas très gentil.

Il rit, m'enlace les épaules, et me pousse hors du *zoma*.

– Trop de monde ici. Maintenant que tu as ta perle rare, je te propose le plus beau coup d'œil de Tana. Tu n'as pas peur de grimper ?

Du même élan, et presque sans nous arrêter, nous escaladons les escaliers Lastelle jusqu'à la place Colbert, centre de la vie administrative et commerçante de Tana, à mi-chemin entre le *zoma* et la résidence du haut-commissaire qui trône là-haut dans son parc.

La place est trop animée pour notre goût, mais en continuant vers la mosquée, la rue se vide.

– Il est bientôt 6 heures, m'explique Léon, on va aller sur la corniche attendre que le soleil se couche.

Nous avançons lentement maintenant, à vrai dire je me laisse un peu tirer. À mesure que la rue grimpe, la vue se dégage.

– Le pays mérina est à tes pieds, annonce Léon en balayant le paysage d'un ample geste du bras.

En face de nous, large, de plus en plus orange, mais encore éblouissant, descend le soleil d'hiver. Les montagnes à l'horizon sombrent dans le bleu foncé puis dans le mauve. Les rizières encore en eau reflètent, en éclats dispersés, les couleurs de l'astre, plus près de nous le lac Anosy flamboie comme un miroir.

Les traînées roses et orange du ciel prennent des teintes fragiles d'opale, vert pâle, turquoise clair, et très vite s'assombrissent. Un quart d'heure plus tard, la nuit est tombée et les oiseaux se sont tus.

Nous sommes seuls sur ce belvédère. Le bras de Léon autour de mes épaules se fait lourd. Avant il se contentait de me guider, soudain il se conduit en maître. Il m'attire, me plaque contre lui avec une telle force que je voudrais fuir je ne le pourrais pas. Et il se met à me dévorer la bouche, bien plus intimement, profondément que la dernière fois, en haut de l'escalier. Puis les creux du cou que j'ai si bien parfumés, et sa main, exigeante, remonte de ma taille à mes seins. Jamais personne ne m'a touchée là. Je tremble, de crainte et de désir mêlés. Je ne sais plus ce que je veux, mais je ne peux pas me détacher de lui. S'il me couchait sur un lit, je ne saurais pas lui résister. Quand il défait mon chemisier pour glisser sa main à même ma peau, malgré l'envie terrible que j'ai de le laisser faire, je me cabre. Tout à coup j'ai peur. Ça va trop vite pour moi. Je ne suis pas comme Hortense, je n'ai pas l'habitude d'être caressée de près. Il faut un peu m'apprivoiser d'abord.

Mon recul a suffi. Comme piqué par un aiguillon, il s'écarte, me libère, se mord les lèvres. Malgré la faible lumière je le vois bien.

– Je suis désolé, Anna, je n'ai pas résisté. Tu es si… attirante.

S'il continue sur ce ton, dans trois minutes il peut recommencer, je ne me défendrais plus.

– Je n'ai pas l'habitude…

– Je sais, c'est de ma faute. Pardonne-moi.

– C'est moi qui ai commencé, avec ma lanterne, dis-je à voix sourde.

– Nous la garderons pour plus tard. Quand tu le décideras.

C'est aussi une façon de me dire qu'il faudra que je me décide. C'est grisant et effrayant en même temps. Jamais Jeannot Le Pers ni aucun des garçons avec qui je suis sortie ne sont allés jusque-là. Ils essayaient bien sûr, mais comme un jeu. Sans cette violence, cette avidité qui a surgi de Léon, tel le flot qu'on libère d'un barrage. Est-ce parce qu'il m'aime vraiment, qu'il me désire tant ? Est-ce parce que nous n'avons pas la même histoire, que chez lui, passé un certain seuil, les pudibonderies de fille vierge n'ont pas de sens ?

Je resserre ma veste sur mes épaules, avec la nuit le froid est tombé. Léon m'aide, à petits gestes attentifs. Si j'avais pris vraiment peur et que je ne veuille plus de lui ? Allons, c'est à moi de le rassurer. Ce n'est pas une initiative un peu rapide qui va nous séparer. Je ne suis pas une protestante puritaine, moi. D'ailleurs, sa peau sur ma peau, si j'osais, j'en redemanderais. Juste plus doucement. Je glisse ma main dans la sienne et nous regardons ensemble apparaître les premières étoiles.

– Il serait temps que tu rentres, finit-il par dire.

Appuyée contre lui, je me laisse lentement conduire vers Faravohitra.

– Je ne viendrai pas demain, il faut que je travaille et ma mère m'a demandé de l'accompagner le soir chez des cousins.

Il est bien sérieux d'un seul coup, est-ce pour me montrer qu'il est redevenu responsable ?

– Tu sauras parler du film ?

– T'en fais pas, je connais l'épopée napoléonienne par cœur.

– Samedi prochain, je ne recommencerai pas ce cirque de cachotteries et de mensonges. Je viendrai te chercher au grand jour, en en demandant l'autorisation à M. Bastien, ainsi qu'il convient.

Nous devenons bigrement officiels !

– Il ne pourra pas refuser.

– Avec toute l'estime qu'il a pour toi, ça ne risque pas.

– Ne te moque pas, Anna. Tu sais que tout ça n'a pas grand-chose à voir avec l'estime.

– Tu crois qu'il aura l'aplomb de se dévoiler comme un affreux raciste ?

– Je ne pense pas.

– Alors tu joues au jeune homme bien élevé et on se tire pour l'après-midi.

On s'est encore embrassés cinq bonnes minutes avant que je me décide à pousser le portail, mon bouquet de soucis à la main, ma petite lanterne dans ma *sobika.*

14

Mme Bastien est surprise par mon bouquet. Elle n'a pas l'habitude qu'on lui offre des fleurs et elle ne sait pas si elle les doit bien à la séance de cinéma.

– C'est gentil, Anna, il ne fallait pas.

– C'est la moindre des choses, avec ce long trajet que je vous ai fait faire.

J'espère qu'elle ne posera pas trop de questions. J'ai atteint mon seuil maximal d'hypocrisie, au-delà, je me trahirais. Mieux vaut filer dans ma chambre.

Le lendemain, de retour au lycée, j'ai posé ma lanterne sur ma table de nuit et j'ai allumé la bougie. Les filles du dortoir ont trouvé cela si joli qu'elles ont toutes décidé de s'en offrir une. Léon sera charmé de savoir que vingt bougies s'allumeront chaque soir pour faire cortège à la mienne. Un vrai harem en puissance.

Le début de la semaine se déroule paisiblement, je travaille vaguement, j'écris à Léon, nous répétons et le soir j'allume ma lanterne. Et puis mercredi, patatras ! Le malaise de Sonia, qu'on sentait monter depuis un certain temps, tourne au drame. Sonia ne supporte pas l'impuissance amoureuse d'Indirah. Elle joue son personnage en concurrence permanente avec celui de Marie-Odile. Après tout, la princesse, c'est elle.

Nous n'aurions pas dû donner ce rôle à Sonia. Il demande à être joué dans un registre subtil, allant de l'impatience à la colère, la déraison, jusqu'à la tristesse profonde de la femme non aimée. Sonia perçoit mal ces nuances et devient agressive chaque fois qu'elle se heurte à la séduction de Marie-Odile. Sonia manque d'amoureux dans la vie. C'était une faute de notre part de lui faire jouer le même rôle dans la pièce.

– Puisque je suis si mauvaise, trouvez-moi une remplaçante, éclate-t-elle en quittant la scène.

Elle sait que nous n'avons ni le temps ni l'envie de la remplacer.

– Tu n'es pas mauvaise, c'est le rôle qui est difficile, assure Hélène. On va revoir ton texte, tu le sentiras mieux.

Chaque année c'est la même chose : au milieu des répétitions, un comédien se sent mal aimé, boude ou explose. Et chaque année nous devons dépenser des trésors de diplomatie pour recoller les morceaux.

Hélène, Geneviève et moi passons la journée de jeudi, puis celle de vendredi à reprendre les répliques d'Indirah en prenant le soin de les lui soumettre à chaque fois. Vendredi soir, elle est déjà bien meilleure.

La semaine est finie. Je ne l'ai pas vue passer.

Demain, il vient me chercher. Je sens que je ne fermerai pas l'œil de la nuit, il le faut pourtant si je veux être jolie. Rien de plus charmant qu'un visage reposé par le sommeil, m'a souvent répété tante Jeanne qui n'est pas protestante et s'y connaît en séduction.

J'ai dû finir par m'endormir puisque je me réveille ce matin et qu'on est samedi. Trois heures de cours, le déjeuner et elle vient me chercher. Elle arrive toujours à 14 h 30.

– Tu es prête Anna ?

Pendant une semaine elle a dû réfléchir : à cette séance de cinéma si longue, à mon bouquet de fleurs inhabituel, à mes joues trop roses quand je suis rentrée. Peut-être a-t-elle eu d'autres échos du film et des gens qui y assistaient, concordant mal avec mes rares remarques. Elle est soucieuse, et tient à le montrer. Je suis la fille de ses amis, elle est responsable de moi, il faut qu'elle me parle.

Je vais avoir droit à une mise en garde, affectueuse certes, mais ferme. Quand Léon se présentera, elle bondira. Pour être cohérente avec ses propos, elle me demandera de rester. Il faut absolument l'empêcher d'entamer son couplet.

– Une amie m'a expliqué les exercices de géométrie à faire pour lundi. Si vous n'avez pas besoin de mon aide, je vais me dépêcher de les transcrire, sinon j'ai peur d'oublier.

Je hisse mon sac sur mon épaule et je pars d'un bon pas. Sa maison est à trois minutes à pied du lycée, un peu plus bas dans la rue. La devançant toujours d'un mètre ou deux, pas trop pour rester polie, pas assez pour lui permettre d'entamer une conversation, j'atteins le portail en un rien de temps.

– Je descends dès que j'ai fini, dis-je concentrée, en la plantant sur la véranda.

À l'étage, dans ma chambre, elle n'osera pas me déranger. Souhaitons que Léon s'adresse d'abord à son mari. Une fois l'autorisation accordée, il sera difficile à Mme Bastien de revenir dessus.

A-t-elle deviné ma manœuvre ? Je n'en suis pas sûre. Le mensonge manipulateur ne fait pas partie de sa culture. Le mensonge par politesse ou par charité, à la rigueur, et encore. Elle ne se doute pas à quel point l'amour peut décupler la malice des filles. A-t-elle même été amoureuse de ce cep de vigne desséché qui lui sert de mari ? Moi madame, j'ai un bel amoureux passionné, un peu bronzé peut-être pour votre goût, mais tellement plus fascinant que vos volleyeurs aux gros genoux. Et vous pensez m'y faire renoncer ? Il est vrai, pour votre excuse, que vous n'avez pas de fille et que vos garçons sont tout sauf malicieux.

Allons, Anna, trêve d'autosatisfaction, attends de voir comment tu t'en sortiras quand ton amoureux viendra t'enlever. Si elle exige, en place et nom de tes parents, que tu restes à l'abri chez elle, tu n'auras que deux solutions : te soumettre ou la braver. Tu la braveras, bien sûr. Le lendemain, tes parents seront au courant, et les complications vont pleuvoir.

15 heures, plus qu'une heure d'attente. Du moins j'imagine, il n'a pas dit quand il arriverait, mais 16 heures paraît le plus probable. Ni trop tôt pour qu'on devine notre hâte, ni trop tard pour préser-

ver nos moments de liberté. L'heure du goûter, quoi de plus convenable.

J'ai une heure pour me débarrasser des maths. Au travail, Anna… Et s'il venait avec Louis, elle s'inclinerait. Peu probable, Louis nous donnera des conseils, mais ne nous cautionnera pas directement. Avec Fanja ? Ce serait le plus astucieux, mais Fanja acceptera-t-elle ce rôle ? Pourvu que je puisse partir sans drame. Que nous soyons seuls, à nouveau. Que je le touche, que je le respire et qu'il me prenne contre lui. Cette fois, je n'aurai plus peur. Mon Dieu, faites qu'il arrive vite.

16 heures, je me recoiffe, je me vaporise d'eau de Cologne, je maquille mes yeux si légèrement qu'on dirait des ombres naturelles. Le portail grince… non, ce n'est pas le portail. Des pas résonnent dans la rue, mais ne s'arrêtent pas. 16 h 10, je sors sur le balcon, je guette. 16 h 30, qu'est-ce qu'il fabrique ? Il sait bien qu'il me faudra revenir pour 19 heures, au plus tard. 17 heures… le portail ne s'est pas ouvert. À quel jeu joue-t-il ? Il veut me faire mourir d'impatience. Non, pas lui, ce n'est pas son genre. Louis lui aurait-il recommandé la prudence ? Il serait venu quand même, pour m'expliquer, me proposer un autre plan. Il ne m'aurait pas laissée dans cette épouvantable attente. Il est malade, il est blessé, il s'est passé quelque chose…

Ce n'est pas ici que je peux demander des nouvelles. Affreuse soirée. J'ai l'estomac dur comme une pierre et je passe la soupière, et je souris. Pas question de défaillir. Serrer les dents, attendre d'être seule dans ma chambre pour me ronger les poings. Demain il viendra sûrement au culte. Il m'expliquera. Me calmer, dormir… Autant vouloir détendre un ressort. Serrée en boule sur moi-même, les genoux dans les dents, je m'admoneste. Allons Anna, fais-lui confiance, ce n'est pas un petit bout de samedi qui va tout démolir. Qu'est-ce qu'un bout de samedi par rapport aux longues journées qui vous attendent ? Demain tu comprendras, ce temps perdu te semblera une broutille.

Je reprends le deuxième tome des *Quarante-Cinq*, les ruses de Chicot parviendront peut-être à m'absorber assez pour ne pas penser.

Et le matin arrive, rempli d'espoir. J'ai une mine de déterrée, tant pis, il verra dans quel état il m'a mise.

– Alors Anna, tu ne t'es pas fait virer cette semaine ?

Le rire de Bertrand Flamand me réchauffe.

– Pas le temps de lire avec les répétitions, je ne risque plus rien jusqu'à la fin de l'année.

– Tu viens à la maison à midi ? David se lance dans la confection de meringues.

– S'il m'invite…

Grimpée sur les premières marches de l'escalier du temple, j'examine fébrilement chaque groupe d'arrivants qui doivent ensuite passer devant moi pour entrer. Il ne pourra pas m'échapper.

– On va lui demander.

Chez les Flamand je serais bien plus près de la maison de Léon que perchée dans mon ghetto biblique en haut de Faravohitra. Mais si justement c'est le moment qu'il choisit pour venir me chercher…

– Il faut que j'en parle d'abord à Mme Bastien. On verra à la sortie du culte.

Il n'est pas venu, ni aucun des membres de sa famille. Je suis entrée la dernière et me suis assise au fond, pour le cas où il arriverait en retard. En vain.

Vais-je affronter le calvaire d'un déjeuner de dimanche chez les Bastien, dans l'espoir, de plus en plus faible, de le voir arriver, ou filer m'abriter dans la maison Flamand ?

Si, pour une simple raison de confort, je le manquais, je ne me le pardonnerais pas. Je reste, j'avalerai le rôti de zébu trop cuit, la tarte spongieuse, le bénédicité à l'eau de rose, tout dans l'espoir de l'apercevoir.

Mais j'ai présumé de mes forces. Au café, je m'effondre. Tant pis pour lui, tant pis pour moi, rester ici dans cette attente sans explication, parmi ces gens qui m'ennuient à en mourir et ne me veulent pas de bien, je ne peux plus. Je file chez les Flamand, là-bas au moins j'oserai poser des questions.

Mais Mme Bastien ne me laissera pas partir seule à travers la ville. Avant, elle aurait hésité, maintenant elle s'y opposera. Une seule solution : faire semblant de rentrer au lycée et ressortir en douce.

– J'ai oublié mon dictionnaire de latin, je n'arriverai jamais au bout de ma version sans lui. Il vaudrait mieux que je rentre maintenant.

– Si tôt ?

– J'ai déjà pris pas mal de retard cette semaine avec les répétitions, les professeurs vont finir par s'impatienter.

– Comme tu veux, Anna.

Elle pose son tricot du dimanche après-midi, et me suit en soupirant. À cette heure-ci, elle s'accorde d'ordinaire un peu de répit à l'ombre de la véranda. Elle aura hâte de revenir.

– Dimanche prochain, je crois que je resterai pour la mise au point du spectacle.

Il faut me faire inviter ailleurs, chez les Flamand ou les Lebouteux, n'importe où d'où je puisse m'échapper.

– À dans quinze jours, alors ?

– C'est ça, merci beaucoup.

Je descends trois marches. La cour du lycée est absolument vide, personne ne m'a vue revenir, personne ne me verra repartir. Je dois seulement attendre qu'elle soit rentrée chez elle. Je remonte, me colle contre le pilier, serrant contre mes jambes ma jupe au bleu trop visible. Trois minutes d'écoulées, dit ma montre. J'inspecte la rue. Personne.

Enfin seule, et libre de courir aux nouvelles ! Et de sangloter d'anxiété ou de colère, si j'en ai envie. Personne ne le remarquera, je devrais être la seule Française à traverser Tana à pied un dimanche à 14 heures.

Mon sac accroché à l'épaule, je dégringole les escaliers à toute vitesse malgré les larmes qui ruissèlent sur mes joues. Le soleil darde fort à cette heure-ci, même en saison froide. Je lève la tête vers lui pour qu'il me brûle de ses rayons. Les marches de pierre rayonnent de chaleur emmagasinée. L'odeur familière de la poudre de DDT s'échappe des murs des maisons quand je les rase de trop près, masquant mal celle des déchets en décomposition. J'aime descendre ces escaliers au grand soleil en faisant claquer mes sandales. Je m'y sens légère et bondissante. J'aime le sourire amusé que déclenche mon passage sur le visage parcheminé des vieux qui vont lentement, *mora mora*, pour descendre comme pour monter. Le vent de la course gonfle ma jupe comme un ballon. Si je n'étais pas si malheureuse, je rirais de plaisir.

Mais déjà je suis en bas, finie la légèreté. La chaleur me cogne sur le dos et il va falloir traverser Analakely et le *zoma* désert, pas une marchande de fruits, pas un étal odorant pour me distraire. Les boutiques de l'avenue de la Libération ont baissé leurs rideaux de fer. Quelques familles se promènent à pas tranquilles, lui, très digne, l'indispensable parapluie Golaz pendu au poignet, elle, serrant son *lamba* d'une main, de l'autre tirant un enfant endimanché.

Si je ne veux pas arriver en sueur chez les Flamand, je ferais mieux d'adopter l'allure malgache. Je me perds un peu dans Tsaralalana. D'ordinaire on m'emmène en voiture.

– La rue du Général-Aube, c'est par là ?

Grand sourire.

– Je ne sais pas.

Celui-là saura peut-être.

– Tout au bout, là-bas, à gauche.

Tout au bout à gauche, il n'y a pas de nom de rue, mais la maison d'en face est celle des Rakotomalala.

Est-ce le hasard ou l'ai-je inconsciemment fait exprès ? Mon cœur me cogne dans la gorge. La maison est ouverte, enfin les fenêtres, mais aucun bruit n'en sort. Pas de voiture devant la porte. Ils sont partis quelque part, pas pour longtemps sinon la maison serait mieux close. Mais sont-ils tous partis ? Agnès Rakotomalala peut-être, elle est le principal conducteur, mais les enfants ?

Qu'est-ce que je risque à pousser le portail ? S'il n'y a personne, on ne le saura pas. Si Fanja est restée, je dirai que j'allais chez les Flamand, que je me suis égarée. Elle m'indiquera la route.

Et si Léon est là… et bien je saurai que rien ne l'empêchait de me rejoindre, qu'il a réfléchi, qu'il a changé d'avis. Je crois que je lui lacérerais la figure, en souvenir. Je le tuerais si j'étais assez forte. Il n'avait pas le droit de venir me chercher dans mon cocon de rêves inoffensifs, de me bouleverser de la tête aux pieds en passant par la surface de ma peau et de me laisser seule dans cet état d'attente insupportable.

Je pénètre dans le jardin, toujours silencieux et m'arrête paralysée devant la porte, incapable de saisir la ficelle de la cloche. Il me prendra pour qui de venir le relancer jusque chez lui ? Une traînée, comme sous-entendrait Mme Bastien. Ce n'est pas vrai, il ne peut pas penser ça. Un amour pareil ne fond pas en une semaine. Je tire rageusement sur la ficelle.

La cloche fait un bruit terrible. On doit l'entendre jusqu'au fond du quartier. J'ai envie de fuir mais je ne bouge pas, raide comme un piquet, la ficelle encore dans la main. La porte s'ouvre et Fanja, souriante, apparaît.

– Anna, quelle bonne surprise ? Tu viens nous voir ?

Nous… elle n'est pas seule, alors.

– Je… les Flamand m'ont invitée pour l'après-midi, je suis venue à pied mais je me suis un peu perdue. Et comme j'ai reconnu ta maison…

– Entre, tu as bien un moment.

Son air soupçonneux de la semaine a complètement disparu. Je ne l'ai jamais vue si chaleureuse.

– Je finissais la version. Elle n'est pas facile, heureusement qu'on en trouve des phrases entières dans le dico de latin.

– Je n'ai pas eu le temps de la commencer. Avec les répétitions, ajouté-je précipitamment, je n'ai plus la tête aux devoirs.

– Tu veux que je te la passe ?

Qu'est-ce qui prend à Fanja d'être si aimable et généreuse ? Elle a quelque chose à cacher ? Ou à se faire pardonner ? Je ne vais pas pinailler au moment où elle m'offre d'entrer dans sa maison et d'y demeurer assez pour deviner si d'autres y sont réfugiés.

– C'est vraiment gentil à toi, je déteste Virgile, c'est toujours horriblement compliqué.

Nous montons dans sa chambre. Celle de Léon est grande ouverte. Personne ne réagit quand nous grimpons les escaliers. C'est le moment de poser la question.

– Tu es seule ?

J'ai pris un ton d'information poli.

– Pour le week-end. Maman et Léon ont dû partir à Antsirabé, le plus vieil oncle de la famille vient de mourir. Ils sont tous réunis depuis hier pour préparer les obsèques qui ont lieu demain.

Merci Seigneur ! Sois loué jusqu'à la fin des temps ! C'était un imprévu, une obligation à laquelle il n'a pas pu se soustraire. C'étaient les autres, pas lui. Une vague de reconnaissance me submerge, j'embrasserais Fanja.

– Vous le connaissiez bien cet oncle ?

– Pas beaucoup, mais depuis la mort de mon grand-père, il jouait le rôle de chef de famille. Il fallait que nous y allions.

– Mais, toi, tu es restée ?

– Maman a réussi à m'excuser. L'important était que Léon y soit. Il va remplacer mon oncle à la tête de la famille, puisque papa est mort.

– C'est une lourde responsabilité ?

– Pas vraiment lourde, mais délicate, quand il s'agit de décider de l'entretien de la vieille maison, ou de la gestion des terres. Le reste du temps c'est surtout honorifique et coûteux. Il devra prendre en charge les dépenses du prochain *famadihana.*

Je comprends la prudence de Léon. On ne s'affiche pas ouvertement avec une étrangère quand on est le dépositaire des traditions de sa famille.

– Léon t'intéresse beaucoup, n'est-ce pas ? dit Fanja en posant doucement la main sur mon poignet.

Voilà que les larmes ressurgissent. Je ne contrôle décidément pas grand-chose, mais les paroles de Fanja dissolvent ma retenue. Enfin quelqu'un qui n'a pas l'air hostile.

– Je l'aime, dis-je à voix basse. Et je crois que lui aussi.

– On dirait, sourit Fanja. Depuis une semaine, on ne le reconnaît plus. C'est comme s'il avait grandi d'un coup de plusieurs centimètres tant il se redresse de fierté, et tous les matins il se rue sur la boîte aux lettres.

Fanja, que tu me fais du bien.

– Ce n'est pas de l'enfantillage, tu sais. C'est une chose grave qui nous arrive, et profonde.

Fanja a un petit rire, amusé ? gêné ?

– Je ne t'ai jamais prise pour une fille superficielle, Anna. Je sais que tu ne te moquerais pas de sentiments sincères.

– C'est plutôt lui qui pourrait en rire. Je suis si jeune, si ignorante à côté de lui. Mais je ne demande qu'à apprendre, je mettrai les bouchées doubles.

– C'est si sérieux que ça ? s'étonne Fanja.

– Je crois, oui.

– Alors, dit joyeusement Fanja en se levant, nous allons trinquer à ce bel amour. Et puis tu recopieras la version, sinon tu risques encore de l'oublier.

Nous avons vidé deux verres de Coca d'affilée et j'ai recopié la traduction du poème de Virgile, en signe d'alliance.

– Les Flamand sont à deux minutes, la prochaine à gauche et le chemin empierré d'après, sur ta droite c'est le leur. À demain.

– Fanja, tu diras à Léon que je suis passée, que j'avais envie de le voir. Mais j'ai été très heureuse de te trouver, toi. Merci pour la version.

La vie est magnifique.

– La première s'est effondrée, la seconde a cramé, la troisième est au four.

– Cinq minutes, je te rappelle David. Pas plus.

– Je les ai toujours laissées cinq minutes, c'est ton four qui déraille.

David cuisine scientifiquement, par expériences successives.

– Quelle bonne idée d'être venue, Anna. Qui t'a accompagnée ?

– Personne. Je suis descendue à pied.

Mme Flamand tique.

– Ils ne t'ont pas conduite jusqu'ici ?

– Je ne voulais pas les déranger. Ce n'est pas si loin, et il fait un temps splendide.

– Tu n'aurais pas dû venir seule. S'il t'était arrivé quelque chose, ils étaient responsables.

– Je suis désolée, mais je m'ennuie un peu là-haut avec tous ces sportifs. David m'avait parlé de ses meringues. J'ai eu envie de les tester.

Elle sourit, mais elle reste sur sa réserve. Je suis certes en territoire ami, mais les règles sont les règles. C'est la famille qui vient me chercher au lycée qui a charge de moi pour le week-end.

– Goûte-moi ça, Anna.

Je suis emportée par le tourbillon Flamand. Il fait bon vivre ici, et je suis si heureuse. Je termine avec Anne la version de Virgile dont je connais maintenant les secrets, je pousse des cris d'angoisse au saut périlleux d'Éloïse, je bats Grégoire à la bataille et je lui accorde une revanche royale, je me bourre de meringues, je lave la vaisselle du goûter… je nettoierais la maison de fond en comble si on me le demandait. Il m'aime, il ne m'a pas oubliée, je suis comme un sceau sur son cœur, je suis une reine.

– Il se fait tard, Anna. Louis va te raccompagner.

– Excusez-moi d'avoir débarqué comme ça, mais j'ai passé un après-midi si agréable.

– J'en suis heureuse. Finis bien ton année, Anna et fais-nous un beau spectacle.

D'où me vient cette brusque envie de pleurer de nouveau ? Est-ce sa façon de me regarder, comme quelqu'un qui s'en va tout seul dans la tempête ? Elle me serre contre elle et m'embrasse. D'habitude j'ai droit à un joyeux signe de main du pas de la porte.

Louis m'attend dans la voiture, pas seulement pour me ramener au lycée.

– Il faut que je te parle, Anna, dit-il en quittant lentement le jardin. De Léon et de toi.

– Il vous a raconté ?

– Il m'a fait cette confiance.

– Vous nous trouvez fous ?

– Est-ce que tu l'aimes vraiment ?

– Je l'aime, je l'admire, c'est quelqu'un d'exceptionnel.

– C'est la première fois que tu tombes amoureuse ?

– J'ai... j'ai eu quelques flirts, sans importance. Mais aimer, oui, c'est la première fois.

– Te rends-tu compte combien il tient à toi ?

– Je crois.

– Pour lui ce n'est pas un flirt Anna. C'est sérieux.

– Pour moi aussi. Je n'ai jamais rencontré de garçon comme lui. Je n'en reviens toujours pas de ce qui m'arrive.

Louis tourne vers moi un sourire heureux et grave.

– Tu es une enfant folle, Anna. Sais-tu au-devant de quoi vous allez ?

– Il est malgache, je suis française. Et alors ? Nous ne sommes pas les premiers ?

– Tu es bien jeune, comment réagiras-tu à la désapprobation, aux pressions qui seront exercées sur toi ?

– N'en vaut-il pas la peine ? Tous les Français que je connais sont sots, insipides ou affreusement snobs. Vous-même, vous avez pour Léon une affection paternelle, vous l'admirez aussi, je le sais. Pourquoi cela me serait-il interdit ?

– Ce n'est pas une question d'interdiction Anna, mais de résistance. Ça ne sera pas plus facile pour lui que pour toi. Sa famille est de celles dans lesquelles on ne se marie qu'entre cousins depuis des générations. N'importe qui d'autre est une étrangère, encore plus une Française. Il devra se battre pour t'imposer. Mais il tient à toi profondément. S'il te perd, il aura du mal à s'en remettre. On ne joue pas avec des sentiments de cette qualité.

– Je ne joue pas !

J'ai crié si fort que Louis juge prudent d'arrêter la voiture sur le bord de la route.

– Alors tu vas m'écouter. Si vous voulez que votre amour dure et qu'il s'épanouisse, il faudra être très patients et prudents.

Pendant dix minutes, il m'explique que nous ne devrons pas nous afficher en public avant d'avoir informé nos parents et obtenu leur accord, puis montrer pendant une longue période une attitude pudique, raisonnable et déterminée, pour que chacun apprenne à prendre notre relation au sérieux. Rien qui puisse ressembler à un amour à la sauvette. Ce sera le seul moyen de braver les critiques.

– Tu en seras capable ?

Le programme de Louis est sinistre, mais on s'arrangera pour lui faire des entorses.

– Pas de problème.

– Ne crois pas que ce sera facile. Il est dur de résister à l'opprobre des siens.

– Pour les Bastien, je suis déjà une fille perdue !

– Tu vois qu'il n'est pas si simple d'être seule contre tous.

Je ne suis pas seule, nous sommes deux, avec les Flamand et Fanja il y a déjà douze personnes dans notre camp. Une foule ! Louis me prend gentiment par les épaules.

– Maintenant tu vas rentrer au lycée et te concentrer sur ton travail, sur ta pièce de théâtre. Tu laisses Léon mener votre barque. S'il paraît distant, tu respectes son choix. Il a besoin de ton aide. Bon courage Anna. À la maison, tu seras toujours la bienvenue, à condition de prévenir pour qu'on aille te chercher, ajoute-t-il malicieusement.

15

– Viens vite, Anna, on a une surprise pour toi.

Geneviève me tire par la main jusqu'aux lavabos du dortoir.

– Admire !

Suraya incarnée ! Marie-Odile en sari bleu nuit pailleté d'or, ses longs cheveux blonds enveloppés dans une mousseline de même couleur serrée sur son front par un ruban doré auquel est pendue une rangée de sequins qui dansent quand elle ondule des bras et du ventre comme une tentatrice de film arabe.

– Où as-tu trouvé cette merveille ?

– L'amie indienne de ma famille d'accueil. C'est joli, hein ?

Marie-Odile ne doute jamais de son charme. Les gros bras du lycée Gallieni le lui confirment à chaque entraînement au stade.

– Et tu n'as pas tout vu, continue Geneviève. Le beau Jarbal ! appelle-t-elle en claquant dans ses mains.

Avec cette moustache en croc, Frédérique est

méconnaissable. Culotte bouffante, bottes de cheval luisantes de cirage, gilet brodé…

– C'est un déguisement de prince russe. Avec un turban, ça fera assez indien à ton avis ?

– Ce sera parfait.

– J'ai apporté un autre sari pour toi. Regarde.

Marie-Odile me tend un tissu vert Nil délicatement plié.

Je dois d'abord enfiler une longue jupe droite de satin du même vert et un petit corsage assorti.

– Maintenant tu drapes le sari autour. Tu le fixes à la taille, tu tournes deux fois et tu remontes le pan sur les épaules ou sur la tête. Tu es ravissante Anna ! Il faudra te grimer pour avoir l'air d'une vieille maharanée cruelle.

L'étroit miroir qui court au-dessus de notre rangée de lavabos ne me renvoie que le haut de mon corps. Ce vert sur ma peau brune, ce tissu léger qui m'enveloppe… Marie-Odile a raison, je suis ravissante. Et lorsque je peux m'admirer en pied, dans la fenêtre rabattue le long du mur pour la rendre réfléchissante, je ne me reconnais pas. J'ai l'air si longue et si menue à la fois.

– Et maintenant la touche finale, jubile Hélène en disposant sur mon front le même rang de sequins que sur celui de Marie-Odile.

Elles pensaient me voir rentrer de week-end à l'état de serpillière, définitivement ignorée par le prince du Sport Club. Pour me réchauffer, elles m'ont préparé cette fête. Si elles savaient comme je me moque du prince du Sport Club, aujourd'hui ! Mais pour la fête, comme je les remercie.

– Et pour le sabre, vous avez trouvé quelque chose ?

– Un jouet en bois, pas terrible. Personne ne veut prêter une vraie épée.

– On lui confectionnera un fourreau de satin, ça lui donnera de l'allure.

– On n'a rien de bien royal pour Adeline, par contre.

Il va falloir soigner Adeline, sinon nous aurons un maharadjah dépressif.

– Le maharadjah est au-dessus de tous, il doit trancher. Il sera immaculé : tunique, pantalon et turban blancs, avec au milieu un énorme rubis. On a assez de draps pour en transformer un en costume.

Chaque année la lingère nous donne les draps déchirés que les familles abandonnent au lycée après trop d'usage.

– Le rubis, tu le trouveras où ?

– Sur la boucle de ma ceinture élastique. On arrivera bien à le démonter.

Nous avons passé le dîner et l'après-dîner à noter ce qui manquait, ce qui restait à faire pour chaque costume et à répartir les tâches. Louis peut être tranquille, personne n'a deviné que je pensais constamment à autre chose. Pourtant en essayant le sari vert, j'ai frissonné de plaisir. Il aimerait cette tenue.

Les conseils de Louis ne valent pas pour Fanja, puisqu'elle est dans le secret. Je la guette comme on attend le messie.

– Il est revenu ?

– Hier soir tard, et il repartait ce matin à Ambohimalaza pour le transfert du corps dans le tombeau. Rassure-toi, j'ai eu le temps de lui parler de ta visite.

– Il a réagi comment ?

– Il était très ému, navré de t'avoir manquée. Il te prie de l'excuser, ce n'était pas de sa faute.

– Je sais.

J'espérais plus que des excuses. Il aurait pu lui confier une lettre, mais il n'aime peut-être pas passer par des intermédiaires, fut-ce sa sœur, et puis il était tard, il n'a pas voulu l'écrire à la hâte. Demain sans doute…

– Il allait bien ?

– Fatigué. Trop de *kabary*, trop de mains à serrer, trop de repas… Chez nous les adieux à un mort sont toujours longs et compliqués.

– Chez nous aussi.

– Ne te fâche pas Anna, c'était juste pour t'expliquer que Léon ne pouvait pas se soustraire à cette obligation.

– C'est la moindre des choses pour un chef de famille.

– Tu tiens vraiment à lui !

– Tu en doutais ?

Elle rit en me prenant par le bras.

– Il a de la chance de t'avoir rencontrée.

Bienfaisant baume sur mon cœur, pour me faire digérer l'absence de lettre. Fanja serait-elle devenue une véritable amie ?

La journée a été studieuse et sans surprise. Quand Fanja est partie, je n'ai pas osé lui confier d'autre message pour Léon. J'en avais assez dit le matin pour qu'il connaisse mon état d'esprit.

« Courrier, Anna. »

17 heures est le moment de la distribution des lettres. Je n'en ai qu'une, elle a été oblitérée à Tana samedi matin. C'est son écriture.

Mon amour

La famille aura, encore une fois, pris le pas sur nous. Je suis obligé d'aller préparer l'enterrement d'un vieil oncle à Antsirabé ce week-end. J'ai eu beau arguer de mes révisions, maman a trouvé parade à chacune de mes objections : je travaillerai là-bas, elle me promet de me ménager des moments d'isolement, elle me trouvera une pièce tranquille, mais je ne peux pas me défiler, de quoi aurait-elle l'air si elle y allait seule ? Ce n'est même pas sa famille à elle puisqu'il s'agit de l'oncle de mon père… Tous les arguments y sont passés, obligation morale, chantage affectif… Anna, pardonne-moi, je ne pouvais pas refuser, c'eût été te désigner comme perturbatrice qui m'empêchait de tenir ma place et mon rang. Car ma mère aurait bien deviné, si ce n'est déjà fait, la raison profonde de ma dérobade.

Je compte sur ta compréhension, et je crains, hélas, d'avoir à te la demander souvent. Tiendras-tu le coup ? Je t'aime, Anna, reste à mes côtés, je t'en prie.

Louis nous conseille de prendre patience pour habituer les autres à notre choix. Il faudrait être dignes et distants pendant un temps infini, et je ne sais même pas si ça suffira. Je veux bien être digne en public, à condition d'avoir aussi des moments rien qu'à nous. Mais ils nous en laisseront peu.

Je ne vois qu'une solution : mettre les familles devant l'irrévocable, parler de fiançailles.

Il est fou !

C'est beaucoup trop rapide et terriblement pompeux, je sais. Et ce n'est pas pour t'engager. Tu es trop jeune. On ne célèbrera rien, on en parlera juste, pour avoir l'air sérieux et qu'on nous fiche la paix. On passera pour des originaux, des rêveurs, à nos âges tu penses ! Mais on devrait avoir droit à un certain respect. Celui qu'on accorde aux engagés volontaires pour une mission suicide.

Bien sûr, je ferai ce que tu décideras. Ça ne changera pas un iota à mes sentiments.

Il est complètement fou ! Moi, fiancée, à quinze ans, c'est une blague ! J'accepte, bien entendu, quoique la solution de Louis ne me déplaisait pas. On se serait débrouillés pour se rencontrer en cachette, et j'aurais eu un peu de temps pour aguerrir ma résistance à l'opprobre, comme dit si bien Louis. Est-ce que j'aurais peur maintenant, moi qui mourais d'envie de raconter mon histoire à tout l'internat ? Fiancée, ça a un côté bienséant et officiel. J'aurais presque préféré amants en fuite. Cachés au fond de la brousse, organisant la libération de l'île. Mais ça ce n'est pas ma vie, c'est du Dumas.

Si je demande un délai, je vais le blesser. Pour rien au monde, mon bel amour. Fiançons-nous. Je ferai la crâneuse avec ma bague et tu pourras m'embrasser tout ton soûl, partout où tu voudras. Je vais te répondre, cette nuit dans les toilettes, et je dormirai avec ta lettre contre moi.

J'ai fait des rêves dingues, pas racontables. Ma lettre est trempée de sueur, l'encre en a bavé. Hélène me trouve une drôle de mine. Fanja ne s'y trompe pas.

– Il t'a écrit ?

– Vendredi avant de partir.

– Ah ! Il t'explique pour notre oncle ?

– Il est désolé, comme tu me l'avais dit.

– C'est difficile pour lui.

– Trop. Si on se prétendait fiancés, Fanja, qu'est-ce que tu en penses ?

– Fiancés ? Mais c'est presque mariés.

– On ne célébrerait pas de fiançailles, on le dirait seulement. Pour clouer le bec aux mauvaises langues.

– C'est lui qui te le propose ?

– Au moins on pourrait se voir régulièrement.

Fanja semble sidérée.

– Tu trouves qu'on va trop vite ?

– Un peu, mais c'est vous que ça regarde. Si vous croyez que ça vous aidera…

– Léon le pense.

– Est-ce que je dois te féliciter ?

– Tu peux m'embrasser, Fanja, parce que je suis heureuse et que c'est bête d'être heureuse toute seule.

J'aurais peut-être dû me taire. Ces fiançailles ne concernent que nous, pour le moment. Toujours cette discrétion, ce secret… Léon a raison, annonçons-les, que la terre entière soit au courant et que je n'aie plus besoin de contrôler chacune de mes paroles.

Fanja m'embrasse, gentiment, sur les deux joues, au grand étonnement du reste de la classe. Aurais-je amadoué la solitaire ?

– Nous fêtons une bonne nouvelle, dis-je pour répondre à la curiosité générale.

– Ah !

– … qui doit malheureusement rester secrète encore quelque temps.

Hélène a l'œil qui plisse d'amusement. Depuis le début de l'année, elle suit ma stratégie pour dompter Fanja. Elle croit assister à l'épilogue.

– Bravo, me glisse-t-elle en riant.

Fanja a un sourire indéchiffrable. Impossible de deviner si elle est heureuse de notre complicité ou si elle se plie seulement à une convention. Pour les autres, si ce n'est pour moi, Fanja tient à rester énigmatique.

Le lendemain, aussitôt les escaliers du porche descendus, c'est elle qui vient vers moi spontanément.

– Léon a du mal à se concentrer sur ses révisions. Il pense un peu trop à toi, dit-elle en riant.

– Mon père a une méthode de concentration infaillible : tu imagines l'examen comme l'épée de Damoclès suspendue au-dessus de ta tête. Si tu relâches ton attention de tes cours, elle tombe. Il paraît qu'il lui a fallu ça pour terminer son droit. Tu le raconteras à Léon, ça pourra l'aider.

Fanja rit, je me sens légère et comme souvent quand tout va bien, affamée.

– On s'achète des sambosses ?

Chaque fois qu'Anastasie, la petite marchande, vient jusqu'au lycée, je lui en prends deux pour la récréation de 10 heures.

– J'en ai apporté. Je les ai fabriqués hier et frits ce matin. Il y en a deux pour toi.

Elle dépose dans ma main un petit sac en papier chaud et huileux.

– Tu sais les faire ?

– C'est le premier plat que maman m'a appris à confectionner. Je les aimais trop.

À 10 heures nous dévorons chacune notre part, assise côte à côte sur le muret de brique au pied des escaliers. Les sambosses de Fanja sont bien meilleurs que ceux d'Anastasie. À midi je me sens un peu barbouillée. À 14 heures, au moment d'entrer en cours, mon envie de vomir est telle que je dois filer me soulager aux toilettes. Un quart d'heure après, ça me reprend, mais cette fois, impossible de régurgiter quoi que ce soit.

– Je t'emmène à l'infirmerie, décide Hélène, péremptoire.

Elles doivent s'y mettre à deux, Hélène à droite, Geneviève à gauche, pour me traîner jusque-là. Mon ventre se spasme si douloureusement que je n'arrive pas à marcher.

– Encore une appendicite, soupire l'infirmière. Allonge-toi ici, Anna.

Un frisson me parcourt, la pièce se met à chavirer. Je serre la main d'Hélène :

– Ne me laisse pas.

Le reste est très confus. Entre deux violentes crises de mal de ventre, j'arrive à ouvrir les yeux. On me porte, on me met dans une voiture, j'ai froid, j'ai mal. J'arrive dans un lieu tout blanc qui sent l'éther… on me transporte encore… le plafond tourne ; il y a beaucoup d'agitation autour de moi... on m'ouvre la bouche avec un levier, on me glisse dans le corps quelque chose qui fait affreusement mal, j'essaie de crier, je suis secouée de hoquets de vomissement et je ne sais plus ce qui se passe.

16

Je flotte, j'ai trop chaud, je grelotte. Quelqu'un me tient la main, un truc me blesse à la saignée du bras, je veux l'arracher. Une main ferme m'en empêche. On m'essuie le front, on relève le drap, je crois qu'on me fait des piqûres, mais je ne sens pas grand-chose en dehors de mon ventre dur et douloureux.

Puis je ne vois plus rien.

Quand je rouvre les yeux, ils sont au moins quatre autour de moi.

– C'est bon, dit quelqu'un, soulagé.

J'ai l'impression d'avoir moins mal, de pouvoir enfin dormir. Je referme les yeux.

Une soif terrible me réveille.

– Anna !

La voix de maman ! Tendre comme je ne l'ai jamais entendue.

– Tu es là ?

– Depuis hier, mais tu ne t'en es pas aperçue. Ton père aussi est ici. Il vient de partir boire un café.

– J'ai soif.

Une infirmière me soulève doucement les épaules et approche un verre.

– Une gorgée, pas plus. Dans un quart d'heure je vous en donnerai une autre.

Ses gestes sont doux, enveloppants. Maman la regarde, elle a les yeux tirés de fatigue.

– Ma petite fille !

Elle me caresse le bras. Et voilà le grand pas ferme de papa dans le couloir, et son sourire magnifique.

– Alors, Nane, c'est quoi ces façons de nous faire mourir de peur ?

– Qu'est-ce qui m'est arrivé ?

– C'est fini, dit maman comme on exorcise une menace.

– Intoxication alimentaire aiguë.

– Ce n'était pas une appendicite ?

– Apparemment. On ne t'a pas ouvert le ventre.

Effectivement, je n'ai ni pansement ni cicatrice.

– J'ai mangé quelque chose…

– Qui t'a rendue malade. Gravement. Pendant une nuit les médecins ont cru qu'ils ne te récupéreraient pas. Nous avons eu très peur.

– Quelqu'un d'autre a été malade, au lycée ?

– Tu es la seule.

Pourtant j'ai mangé les mêmes choses que les autres, sorties du même plat. Sauf les sambosses.

– C'était du poison ?

– Il semblerait, dit papa en me prenant la main. Quelle histoire folle as-tu encore imaginée, Anna, pour qu'on t'en veuille à ce point ?

Fanja a essayé de m'empoisonner. Ses sourires étaient de la poudre aux yeux, un leurre pour m'amadouer et me délier la langue. Lui prendre son frère ? Quelle prétention. Si lui était trop ensorcelé pour résister, elle veillait.

– Un pays de fourbes et d'assassins, gronde maman les dents serrées.

– Voyons, Éliane, calme-toi, Anna a joué avec le feu sans le savoir, mais c'est fini maintenant, elle est hors de danger.

Ils savent. Ils connaissent l'empoisonneuse, quelqu'un l'a révélé pendant que je me tordais sur mon mal de ventre. Donc Léon est au courant de ce qui m'est arrivé. Et il n'est pas là.

Je soupçonne un complot dans lequel ils sont tous d'accord contre nous.

– Ils sont si jeunes, laissons-les mûrir… c'est une foucade, elle ne résistera pas au temps.

Le triomphe des clans.

– Elle ne vous plaît pas, mon histoire d'amour, n'est-ce pas ?

– Avec une famille d'empoisonneurs ! rage maman.

– Tu n'es pas allée un peu vite en besogne ? suggère plus calmement papa.

Lui non plus n'approuve pas. Pourtant, un garçon brillant, cultivé, avec une solide formation politique, ça devrait lui plaire.

– Léon est quelqu'un de remarquable, mais je crois que tu mesures mal l'emprise de sa famille sur lui. Vous n'auriez pas pu vous y soustraire. Et je ne crois pas que tu l'aurais supporté. On ne change pas de culture et de traditions si facilement, Anna. Des tas de choses t'auraient heurtées. Tu n'es déjà pas très tolérante avec tes compatriotes, crois-tu que tu aurais accepté longtemps de te plier à des coutumes pour toi vides de sens ?

Oh la grande sagesse de mon père, pleine de bon sens et d'affection véritable, par-dessus le marché !

– Tu ne crois pas que l'amour… ?

– L'amour, soupire papa comme à un souvenir enfui, ça s'use si on le sape trop.

– Je veux le voir !

– Ça ne dépend pas de nous, Anna. Il est encore mineur, lui aussi.

– On l'empêche de venir ?

– Sa famille pense qu'il doit d'abord se consacrer à son bac.

Ils ne veulent pas de moi, comme Fanja. Je suis la perturbatrice, la voleuse. Bien sûr que je vous l'ai volé, mais il m'a volée aussi. Nous nous sommes emparés l'un de l'autre, et vous voudriez nous séparer ?

– Papa, ce n'est pas juste. Si tu savais comme nous nous aimons…

– Je m'en doute, Nane, sinon tu ne serais pas ici.

– Qu'est-ce qu'on peut faire ?

– Finir ton année scolaire, le laisser passer son bac, attendre de voir comment tout cela évolue. À commencer par vos sentiments.

On va mettre tellement de barrières entre nous que nous ne pourrons plus communiquer.

– S'il m'écrit à la maison, promettez-moi de me donner les lettres.

– Tu nous prends pour qui ? s'indigne papa.

Mais le sourire pincé de maman est un accord sous contrainte.

Fanja a réussi son coup, et elle ne sera même pas

accusée de meurtre. Nous allons mourir à petit feu, chacun de notre côté, mais cela n'inquiétera plus personne.

Il faut que je trouve un moyen, je vais trouver… Les tempes me serrent, je dois être épuisée.

– Je voudrais dormir un peu.

Leurs visages s'illuminent. Dormir veut dire s'apaiser, je serai bientôt de nouveau leur petite Anna. Maman remonte le drap sur ma poitrine, papa recule sa chaise et se cale le dos sur le dossier. J'ai oublié de leur demander ce qu'ils ont fait de Fred et des filles.

Quand je me réveille, ils ne sont plus là. À travers la haute fenêtre, le soleil inonde le pied de mon lit. Deux infirmières mettent des draps sur le lit d'à côté, pour y installer quelqu'un sans doute.

– Mes parents sont partis ?

– Ils sont allés déjeuner, ils reviendront dans l'après-midi. On finit ça et on vous apporte une petite soupe. Vous arriverez à l'avaler ?

J'ai l'impression d'avoir très faim, mais trois cuillerées suffisent à me combler.

– Un peu de compote ?

L'infirmière française pose la compote, l'infirmière malgache vérifie la perfusion. Le médecin malgache vient la retirer de mon bras, le médecin français me félicite de mes couleurs retrouvées. On m'aide à me lever et on me conduit gentiment aux toilettes. On me recouche avec des précautions de nurse manipulant un nouveau-né. Je voudrais que le temps s'arrête ici et maintenant. J'ai juste assez de force pour manger et dormir, et quantité de gens bienveillants pour m'assurer l'un et l'autre. Léon m'aime quelque part dans une chambre encombrée de livres. Je refuse de savoir ce que font ou pensent les autres. Libérée de ma perfusion, je me rendors sur le ventre, le nez enfoui dans l'oreiller.

Lorsque j'ouvre les yeux, cette fois la chaise est occupée par Louis qui me sourit.

– Tu es en meilleure forme que cette nuit, on dirait.

Il était là, lui aussi, affreusement inquiet sans doute. N'a-t-il pas favorisé notre romance en me laissant partir à Ambohimalaza ?

– Comment va Léon ?

– Aussi mal que possible. Il a failli étrangler Fanja.

Enfin de bonnes nouvelles !

– Qu'est-ce qu'elle a mis dans mes sambosses ?

– Du *voamaintilany*, de la liane réglisse si tu préfères, une vraie cochonnerie, qu'heureusement sa mère a identifiée très vite. La directrice du lycée a eu l'intelligence de prévenir les Bastien dès qu'elle t'a envoyée à l'hôpital. Les symptômes étaient assez bizarres pour inquiéter Francine Bastien, qui a appelé à la maison. Je m'attendais à un problème, mais pas à celui-là, grand Dieu. Il m'a fallu une heure pour faire avouer à Fanja le nom de la poudre qu'elle avait achetée une fortune à une jeteuse de sorts. Agnès Rakotomalala a foncé à l'hôpital. Elle a beaucoup étudié les pratiques d'empoisonnement, c'est peut-être ce qui a inspiré Fanja. Agnès ne t'a pas quittée de la nuit, guidant les médecins qui travaillaient un peu à l'aveuglette. C'est elle qui t'a sauvée.

Elle avait intérêt, sinon sa fille aurait eu de gros ennuis.

– Dans cette famille, elles sont toutes amoureuses de Léon. Il faut voir comme Agnès regarde son fils, la gloire de sa vie. Quant à Fanja, j'aurais dû me douter qu'elle trichait, elle était beaucoup trop compréhensive, elle avait même l'air de partager notre bonheur. Ce sont des monstres, des dévoreuses…

– Tu parles sans savoir Anna. Cette famille a une histoire particulière, qui explique ses réactions. Tu as entendu parler de la révolte de 1947 ?

– Vaguement. Un groupe de Malgaches voulait l'indépendance du pays, et la France a refusé. Il y a eu des combats en brousse et pas mal de gens tués, puis ça s'est tassé.

– Ça pourrait se résumer ainsi, mais dans les détails ce fut beaucoup plus atroce et sordide. Après la guerre, les troupes malgaches s'étant vaillamment battues au côté de la France, certains hommes politiques malgaches ont pensé obtenir, en remerciements, une plus grande autonomie du pays. La guerre avait été un prétexte supplémentaire de brimades, obligeant les gens à des travaux d'intérêt général ou à vendre leur récolte de riz à un office contrôlé par des gestionnaires véreux. Cette situation n'était plus tolérée, les Malgaches voulaient que Madagascar redevienne un État libre.

Des promesses leur ont été faites, par des politiques parisiens et sans doute par le haut-commissaire de Coppet, qui croyait à l'accord du gouvernement. Mais pas plus les gros colons que les compagnies concessionnaires des mines ou de plantations, n'avaient l'intention de se laisser dépouiller, ils avaient des amis influents à Paris, et les chefs de gouvernement changeaient souvent.

Ce sont les élections de février 1947 qui ont mis le feu aux poudres. L'assemblée qui devait en sortir aurait dû être composée en majorité de représentants du Mouvement démocratique de la rénovation malgache, le MDRM, le parti de l'indépendance. Sous la pression des gros colons, le gouvernement a modifié la loi électorale, la majorité est passée dans le camp des intérêts coloniaux.

La déception a été immense, déclenchant les premiers signes de révolte. C'est là que le sordide est intervenu. Les services de sécurité français savaient que des agitateurs issus de sociétés secrètes traditionnelles étaient prêts à déclencher une vraie rébellion, en s'abritant derrière la bannière du MDRM. On pense même qu'au moins un de ces agitateurs était manipulé par les services de sécurité. Les colons et les grandes compagnies redoutaient ce parti politique, formé d'intellectuels responsables, tout à fait capables de négocier une évolution vers l'indépendance. Si une révolte devait éclater, il fallait en rendre le MDRM responsable et en profiter pour le décapiter.

La révolte a explosé dans la nuit du 29 au 30 mars 1947 à Manakara et à Moramanga, entraînant quelques massacres de colons et quelques assassinats de militaires. Mais les rebelles n'ont pu s'emparer d'aucun dépôt d'armes, comme si on avait laissé faire, en prenant les précautions pour que les rebelles ne deviennent pas trop puissants. Et bien sûr, les membres du MDRM ont été aussitôt arrêtés. Entassés sans ménagement dans des prisons exiguës ou des camps de concentration, on les a maltraités, puis torturés, pour obtenir des aveux qu'on puisse ensuite retourner contre eux. Or les élus du parti de l'indépendance n'avaient pas poussé à cette révolte. Ils se doutaient que le mouvement échouerait et que la France en profiterait pour verrouiller plus encore les libertés.

Ils avaient raison, la révolte ne s'est jamais étendue à l'ensemble du pays. Les rebelles, réfugiés dans la forêt, ont fini par s'épuiser ou se rendre. Mais la répression a été horrible : villages rasés, cheptels abattus… 200 000 morts sur les 4 millions de Malgaches que comptait l'île à cette époque. Sa bourgeoisie, son élite, morte ou emprisonnée à vie à la suite de procès expéditifs.

Et parmi eux, un jeune et brillant médecin, un des espoirs de son pays, Joseph Rakotomalala, le père de Fanja et Léon, mort en prison sous la torture des hommes du chef de la sécurité.

Comment Léon a-t-il pu me cacher cela ?

– Il ne voulait pas que je t'en parle. Il redoutait que tu t'enfuies, horrifiée. Lui seul se réservait le droit de t'expliquer, quand il l'aurait décidé. Je t'avoue qu'hier, je me suis mordu les doigts d'avoir respecté son désir. Avertie, tu aurais peut-être été plus méfiante.

Qui sait ? Aurais-je plus deviné Fanja que je n'ai soupçonné la rancune cachée derrière les gentils sourires des vieilles marchandes, les lenteurs paisibles de tous ces gens, leur serviabilité ! En neuf ans ils n'ont pas pu oublier. Et nous, les petits Français inconscients qui promenons notre arrogance de chefs sur cette population en apparence docile ! Que de haine cela doit masquer. Je préfère la violence de Fanja.

– Tu comprends que voir Léon s'éprendre d'une Française et parler déjà de fiançailles, c'était trop demander. D'autant que la famille a misé sur lui pour reprendre le flambeau paternel. Il en a l'étoffe. Il sera l'artisan de la véritable indépendance, pas celle qui risque d'être accordée au rabais à un homme lige de la France. L'indépendance arrachée par ceux qui ont toujours dirigé ce pays, les Andriana, les seigneurs. Dont Léon est le plus beau fleuron. Tu vois, Anna que tu avais affaire à forte partie.

Si seulement j'avais su… ça m'aurait rendu encore plus amoureuse. Sûrement pas plus prudente.

– Ils vont faire quoi, l'enfermer ?

– Agnès préférerait que vous ne vous rencontriez pas pour le moment, pas avant le bac en tout cas. Avec le temps, on verra. Agnès a de l'estime pour toi, elle t'aurait peut-être acceptée, mais la famille de Joseph t'est très hostile.

– Ce n'est pas possible, de ne plus le revoir.

– Si vous avez la ténacité et la patience suffisante, vous y parviendrez, me conforte Louis sur un ton qui laisse peu d'espoir.

17

Ils ont bien fait les choses. Mes parents ont accepté de ne pas porter plainte. Fanja n'est pas revenue au lycée, on a dit qu'elle était malade. Léon est parti réviser à Antsirabé, sous la garde de la famille de son père. Je n'ai reçu aucune lettre, on devait y veiller. Je n'ai pas écrit, à quoi bon ? Mes lettres ne lui seraient pas parvenues. J'attends. Cet été, peut-être, j'aurais de ses nouvelles. Quand il aura passé son bac, il sera moins surveillé. Il ne peut pas m'avoir oubliée.

J'ai passé le dernier week-end chez les Bastien, réfugiée dans ma chambre, à me remémorer la douceur de ses lèvres et la puissance de ses paroles. Léon, tu me manques à en mourir.

Mais je ne suis pas morte et j'ai terminé l'année sur un beau succès. Notre pièce a fait un tabac. La directrice, applaudie pour avoir encouragé nos appétits de création, s'est sentie obligée d'offrir à la troupe la bouteille de champagne du triomphe.

« Nous serons encore meilleures l'année prochaine »,

a assuré Marie-Odile qui tient à son poste de jeune première.

J'ai été dire au revoir aux Flamand, la maison des Rakotomalala était fermée. J'ai juste su que Léon avait décroché la mention bien et qu'il passerait l'année prochaine à travailler dans un cabinet d'avocats à Tana, avant de partir continuer ses études à Berkeley en Californie. C'est là qu'on forme, paraît-il, les meilleurs économistes du monde et pour tenir tête aux Français il n'y a qu'une formation américaine. La famille Rakotomalala voit loin.

Et puis le petit train des vacances m'a ramenée à Tamatave. Papa a tenu parole, une lettre m'attendait.

Le temps sans toi est vide et triste comme une maison à l'abandon. Et pourtant tu ne m'as pas quitté, ta voix, tes gestes, ton sourire sont toujours présents. Heureusement, car je n'aurai que leur souvenir pour tenir toutes les vacances. La famille de mon père me cloître à Antsirabé, pour soit-disant m'apprendre à gérer les terres familiales. On compte sur moi pour le famdihana *de mon grand-père. Je suis prisonnier. Pour le moment.*

Louis m'a dit qu'il t'avait raconté l'histoire de mon père. Je ne voulais pas t'en parler, tu n'y es pour rien. Mais maintenant tu réalises pourquoi Fanja s'est sentie trahie. Elle a vu mon père emmené par les policiers, le matin de son arrestation. Elle ne peut pas pardonner.

Je sais que tu comprends notre désir de liberté et je sais aussi que tu l'approuves. Auprès de toi, je ne trahis personne, mais va-t'en le leur faire admettre…

… Il nous faudra du temps. Je vais m'employer à le raccourcir. À la rentrée j'exigerai de te rencontrer

régulièrement. Quand ils te connaîtront mieux, ils changeront d'avis.

Ne m'oublie pas Anna, je t'aime trop.

À la rentrée, dans deux petits mois, je me jetterai à nouveau dans ses bras et nous tournerons telles des toupies folles, serrés l'un contre l'autre, comme en haut des escaliers de Faravohitra.

L'Histoire en a décidé autrement. Depuis quelque temps l'Égypte du président Nasser se rebellait contre la toute-puissance occidentale. Mais elle possède, contrairement à Madagascar, un moyen de chantage de poids. Comme nous ne voulions plus financer son grand projet de barrage sur le Nil, le président Nasser, fort de l'appui soviétique, a menacé de nationaliser le canal de Suez, ouvrage français aux bénéfices considérables que se partagent la France qui l'a creusé et l'Angleterre, qui s'est toujours débrouillée pour être aux endroits stratégiques et juteux.

On allait à la guerre.

Maman a pris peur. À 10 000 kilomètres des siens, de l'autre côté du canal de Suez, elle risquait de ne pouvoir rentrer en France avant longtemps. Fred et moi abordions les années d'études sérieuses, elle ne pouvait pas prendre le risque de nous voir couper des grands lycées et des universités. Nous, au moins, devions rentrer.

Maman a négocié des billets à tarif réduit sur les DC 4 de l'armée, seuls accessibles à nos finances, pour la fin du mois de juillet, aussitôt les cours terminés. Mieux valait nous faire voyager avant que le conflit éclate.

« C'est dégueulasse », gronde Fred les larmes aux yeux, assis par terre sur la terrasse, le dos contre la balustrade.

Pour Fred, la France est plus qu'un exil, c'est une mutilation. Il perd l'immensité de la rade, les récifs où il ne luttera plus contre les courants, sa pirogue qui ne fendra plus l'eau du port à la barbe des requins. Il perd les escapades nocturnes sur la Mobylette de Titi Crébillon, les nuits sur la plage à courser les crabes à la lampe torche, le nouveau lycée du bord de mer qu'aucun mur n'empêche de quitter quand il fait trop bon dehors. Fred est un enfant sauvage. Dans les rues tristes de Paris, il s'éteindra. S'il survit, ce ne sera plus jamais le même Fred.

La douceur du soir me serre le cœur à le faire éclater. L'île me chasse. Subtilement, sans même en paraître responsable, dans sa tradition. Dehors l'intruse ! J'ai négocié comme une folle, une soirée entière. Papa, cette fois, a été intraitable.

« Il n'est pas question de te laisser courir ce risque, Anna. »

Trop content de me renvoyer, oui. De ne pas avoir à gérer cet amour impossible dans lequel je me suis fourvoyée. Paris, sa grisaille, son agitation, se chargeront de me rendre le sens des réalités. On me met en sécurité.

J'ai écrit toute la nuit une lettre de dix pages. La lui remettront-ils ? Ils sauront, s'ils ne le savent déjà par les Flamand, que je m'en vais. Que mes parents ont pris des mesures radicales pour mettre 10 000 kilomètres entre nous. Évidemment, nous allons ruser. Nous trouverons un moyen de communiquer. Il suffit qu'il me donne une adresse sûre, où les lettres ne seront pas détruites. Il trouvera un ami pour lui rendre ce service. Pour moi, il n'y aura pas de problème, ma grand-mère a des principes, elle ne s'autorisera pas à subtiliser mon courrier. On va s'écrire, pendant trois ans. Car on ne le laissera pas plus quitter la Californie que moi la France. Trois ans, jusqu'à ce qu'il en ait vingt et un. L'âge de décider seul. Bien sûr nous nous aimons trop pour que trois années de séparation nous fassent peur. Bien sûr on s'écrira souvent, on pourra même se téléphoner, mais trois ans c'est long. Et je peux leur faire confiance, ils vont mettre tout en œuvre pour que ce soit rédhibitoire. Ils vont l'aduler, lui coller dans les bras une superbe Andriana, de sa tribu cette fois, et le rappeler à son destin glorieux. Ils s'ingénieront à me l'arracher. Comme Fanja.

Ils n'ont pas le droit ! Il est à moi. J'ai à peine eu le temps de le respirer, j'en ai juste testé la saveur. J'ai seulement deviné la carrure de ses épaules et la souplesse de son corps. Je n'ai eu qu'un aperçu de ses pensées, de la force de son ambition. Je viens de commencer à l'aimer, et on me le retire. Je l'aurais écouté pendant des heures, il m'aurait caressée pendant des nuits. Et cette violence qui m'a fait reculer, je n'en aurais plus eu peur. Je l'aurais voulue. Je l'aurais connue. Et nous aurions été inséparables.

En quelques mois, Léon, tu m'as appris que la vie pouvait avoir plus de goût qu'un roman d'Alexandre Dumas. Tu m'as si bien aimée, honorée, désirée que je me suis mise à exister. La fille qui était dans l'emballage est sortie. Et maintenant tu me plantes là, avec ce manque de toi qui me fait mal partout. Tu n'y es pour rien mais c'est insupportable.

Nous partons. L'odeur de kérosène chauffé par les pistes brûlantes de soleil me monte à la gorge. Chaque année il accompagnait mon retour à Tana, vers le grand lycée de pierre et mes amies. Je ne jouerai pas le spectacle de l'année prochaine, je ne poserai plus ma tête sur l'épaule d'Hélène, je ne lirai plus ses poèmes. Je vous quitte, mes amies bienfaisantes, avec mon amour.

Les moteurs vrombissent, la carcasse de l'avion tremble à en éclater, le nez se lève, le DC 4 décolle avec la lourdeur d'un gros canard. Collée au hublot, je regarde avidement, une dernière fois, les collines de l'Imerina. L'infinie variété de vert des rizières déroule à nos pieds son tapis somptueux, entre les crevasses rouges des *savoka*. L'île à la douceur traîtresse, qui a ouvert mon cœur et mon corps à ses envoûtements, me chasse. J'ai aimé trop fort ici, ce n'était pas mon rôle. Les petites Françaises doivent rester avec les petits Français, dans les endroits réservés aux petits Français. On ne braconne pas sur les terres indigènes.

Léon, mon amour, ne m'oublie pas. Moi je n'oublierai jamais. Tu es comme un sceau sur mon cœur, ineffaçable. Je te laisse ton île, je sais que tu sauras en prendre soin.

Collection Romans

Niveau de lecture : 3e et plus

Des barreaux plein les yeux
de Marc Cantin
Marie est en prison. Le juge des enfants veut comprendre comment la vie de cette adolescente sans histoire a basculé. Il l'apprivoisera. Elle lui racontera Jérôme, ce garçon plus âgé, leur cavale et sa trahison. Elle lui dira comment on peut vouloir tuer par amour, à treize ans.

L'Amour en chaussettes
de Gudule
Delphine est amoureuse de son prof d'arts plastiques qui leur a fait un cours décoiffant sur le préservatif. Quand elle comprendra que rien n'est possible avec lui, elle trouvera refuge dans les bras d'Arthur avec qui elle vivra sa première expérience sexuelle...

La Danse interdite
de Rachel Hausfater
Perla et Wladek s'aiment. Tous les deux sont polonais mais elle est juive, pas lui. On les sépare. Perla est envoyée aux États-Unis rejoindre son père. Plus tard, elle retourne en Pologne au moment où les Allemands envahissent le pays...

Un jour avec Lola
de Jean-Paul Nozière
Lola joue à remplacer sa mère partie depuis deux ans. Elle emprunte sa garde-robe et mime ses attitudes auprès de son père qu'elle vénère par-dessus tout. Ses allures de femme-enfant préoccupent les services sociaux.

Le Goût de la mangue
de Catherine Missonnier
Madagascar, 1956. Anna se sent mal intégrée dans le cercle privilégié de la jeunesse blanche de l'île, en cette fin de domination coloniale. Avec la rencontre de Léon, les tensions indépendantistes vont faire irruption dans le quotidien de l'adolescente.

Acte II
de Michel Le Bourhis
L'année de la seconde scelle pour Vincent l'adieu à l'enfance : premiers émois, premiers embrasements aussi pour les mots lus ou écrits. Ceux-là mêmes qui poussent son professeur de lettres à quitter l'enseignement pour se lancer dans le théâtre professionnel.

Série noire sur le *Chérie Noire*
de Jean-Paul Nozière
Sur son pauvre rafiot, Philémon Frigo cherche un sujet pour son prochain livre. Pressé par son éditeur, il promet d'écrire en trois semaines la biographie romancée de Jean Philibert Loca, légende vivante de la littérature. Et vogue la galère, sur laquelle l'accompagne Souad, la belle secrétaire touareg...

Vers des jours meilleurs
de Marc Cantin
Zack a seize ans et fume de l'herbe, régulièrement. Il aimerait faire partager à Maïa ces moments où il plane. Il espère que ça les aidera à franchir le pas... à faire l'amour pour la première fois. Un jour on lui propose de passer à autre chose. Des ecstasys d'abord et un peu de cocaïne, en cadeau...

L'Ogre blanc
de Jean-François Chabas
Noraughengi est un géant. Un sommet, quelque part en Asie, que tous

les grands alpinistes rêvent de gravir. Nombreux sont ceux qui y ont laissé la vie... Un jour, Aram décide de tenter la conquête du monstre. Son frère Pietr refuse de le laisser partir seul.

Pouvoir se taire, et encore
de Marie-Sophie Vermot
À quel moment peut-on dire que Dina a basculé vers l'anorexie ? Quel a été le déclic ? Est-ce l'opération chirurgicale qui a transformé son visage qu'elle ne reconnaît plus ? Sa première grande déception sentimentale, juste après avoir fait l'amour pour la première fois ? L'attitude de sa mère ? Un peu tout cela ?

Star-Crossed Lovers
de Mikaël Ollivier
Une usine qui ferme, une grève qui éclate, une ville qui s'embrase, et deux adolescents qui s'aiment d'autant plus passionnément que tout et tous semblent vouloir les séparer. Car Guillaume, le fils du patron de l'usine, et Clara, la fille de son délégué syndical, sont aussi, à leur manière, des *star-crossed lovers*, des amants maudits par les étoiles.

Les Carnets de Lily B.
de Véronique M. Le Normand
La vie de Lily B., alias Blachon, quinze ans, n'est pas un long fleuve tranquille : ses parents se séparent, Lily se sent moche et parfaitement incomprise... Mais l'amour rattrape même ceux qui n'y croient pas.

La Saison des chamailles
de Véronique M. Le Normand
Ce qui compte le plus pour Lily Blachon, c'est la bande de copains, les rendez-vous dans les cafés, les discussions interminables et essentielles. Et aussi son amitié avec Florian. L'alter ego, le confident, le frère, l'ami, l'indispensable... En le perdant, Lily va brusquement mesurer son attachement à Florian : et si c'était lui, l'amoureux qu'elle cherche en vain ?

Le Roman de Noémie
de Véronique M. Le Normand
Lily Blachon est en terminale et découvre les grandes interrogations philosophiques. Elle reçoit par la poste de jolis cahiers blancs, ceux de son arrière-grand-mère, morte l'été précédent. Sur chaque page figure une date, mais les pages sont vierges...

Retour à Douala
de Marie-Félicité Ebokéa
Charlotte est une jeune neurologue brillante. Camerounaise, elle a quitté Douala pour faire ses études en France et n'y est jamais retournée depuis. À la mort de sa grand-mère dont elle était très proche, Charlotte rentre au Cameroun de toute urgence. Le corps de sa grand-mère a disparu, volé. Devant la mollesse de la police locale, Charlotte décide de mener son enquête.

À-Pic
de Frank Secka
Dans un séjour aux sports d'hiver, il n'y a pas que le ski. Surtout quand on est le plus jeune du groupe et qu'on découvre tout de l'autre. On apprend vite que dans les paroles, en pensées, entre les corps aussi, on peut s'aventurer hors piste. Des avalanches que l'on déclenche alors, on se relève un peu sonné, un peu plus vieux, un peu plus riche. Plus fort aussi, plus libre. Peut-être différent.

Brooklyn Babies
de Janet McDonald
À seize ans, Raven est déjà maman. Fini ses rêves d'études universitaires qui l'emmèneraient loin de la cité new-yorkaise où elle vit chez sa mère. Baissera-t-elle les bras comme sa meilleure amie Aïcha, elle aussi fille mère, qui lui conseille de vivre d'allocations et de se la couler douce ? Ou s'accrochera-t-elle à ses rêves ?

Top-rondes
de Janet McDonald
Aïcha se la coule douce avec ses deux enfants. Elle habite chez sa mère et touche des allocations, sans s'inquiéter de l'avenir. Mais tout a une fin et Aïcha va devoir effectuer un travail d'utilité publique... Impossible ! Aïcha compte bien s'en sortir à sa manière.

Des tifs et du taf
De Janet McDonald
Keeba et Teesha n'ont aucun plan d'avenir. Elles ont bien envie de devenir riches, sinon célèbres, et ont de l'énergie à revendre. Oui mais quoi en faire ? Un salon de coiffure !

Le garçon qui aimait les bébés
de Rachel Hausfater
Martin aime les bébés. Depuis toujours. Lorsque Louise, son amie, tombe enceinte, elle le vit comme une catastrophe. Mais pour Martin, c'est différent. Cet enfant, même s'il ne l'a pas fait exprès, il l'aime déjà, il l'attend, et fera tout pour le garder.

Des filles et des garçons
Collectif
Onze nouvelles pour parler du regard des garçons sur les filles, des filles sur les garçons. Pour dire l'amour et la violence, les pressions sociales, familiales ou religieuses, le poids des traditions... mais aussi la solidarité et l'amitié. En partenariat avec le collectif « Ni putes ni soumises ».

Route 225
de Chiya Fujino
Eriko part à la recherche de son petit frère, Daigo, qui tarde à rentrer de l'école. Elle le retrouve dans le square de son quartier, mais bizarrement ils n'arrivent plus à rentrer à la maison. Autour d'eux, tout a changé. Où se trouve le monde réel ?

Une poignée d'argile
de Marie-Sabine Roger
De son enfance, elle ne se souvient de rien, ou presque. Son père n'est même pas mort, bien pire, il a disparu, tout lâché. Il les a abandonnées, du jour au lendemain, sa mère et elle. Grisaille et rancœur jamais résolue. Le dessin, la sculpture vont la sauver.

Ci-gît, pour l'éternité
de Jean-Paul Nozière
Éric est mort il y a dix ans, à La Combe-aux-Loups, lors d'un camp pour ados difficiles. Un fait divers tragique : accident de minibus, dix victimes. Alex, qui a à présent l'âge de son cousin Éric lors de sa mort, veut comprendre les circonstances exactes de l'accident.

Faire le mort
de Stefan Casta
Kim et des copains partent passer quelques jours au cœur de la forêt suédoise. Un soir, autour du feu de camp, une dispute éclate. Kim se fait passer à tabac, il est laissé pour mort par ses amis. Comment les choses ont-elles pu en arriver là ? Qu'est-ce qui a poussé les adolescents à commettre un acte aussi terrible ?

C'est loin, Valparaiso ?
de Bernard Friot
Max n'aime rien ni sa vie ni personne. Seule compte sa sœur aînée mais elle est partie, loin, à Valparaiso, Chili. Max se prétend « zérosexuel ». Pourtant, tout ce qui touche à la sexualité le travaille... La présence de Karima illumine ses journées et hante ses rêves.

Les Fous d'oliviers
de Claude Clément
La Bergerie des Pastriers est un havre de paix. La famille cultive les oliviers et élève des moutons. Isabelle y est heureuse avec ses parents et ses frères. Olivier, l'aîné, et son père sont inséparables. Jusqu'à l'accident de moto qui tue Olivier... Le père s'effondre.

La Fille du squat
de Ragnfrid Trohaug
« Je ne suis celle de personne ! » affirme Ida, qui n'accepte pas la mort de son grand-père, avec qui elle avait une belle complicité. C'est alors que surgit Linn, dix-sept ans, les yeux vairons, qui vit dans un squat. Immédiatement, Ida tombe amoureuse. Mais l'amour entre Linn et Ida est compliqué.

Le Quatrième Soupirail
de Marie-Sabine Roger
Dans un pays d'Amérique du Sud écrasé par une dictature, le père de Pablo est enlevé par des soldats. Son seul crime : éditer de la poésie révolutionnaire. Pablo va tenter de s'introduire dans la prison où son père est détenu pour lui murmurer, jour après jour, les vers de la survie.

Pourquoi ça fait mal ?
de Rachel Hausfater
C'est l'histoire d'un coup de foudre dans un bus. D'échanges de regards, d'attente... De l'état dans lequel l'amour vous plonge, de l'obsession des retrouvailles, de la peur de tout inventer. Puis l'amour révélé, très vite envenimé par la jalousie, la crainte d'être mal aimée.

Mais il part...
de Marie-Sophie Vermot
Parce qu'il a besoin d'argent pour s'offrir la guitare électrique de ses rêves, Saul accepte de promener quelques heures par semaine une chienne qu'il a sauvée. Au fil des jours, il va nouer une amitié avec le propriétaire de la chienne, atteint du sida...

Lise.
de Corinne Lovera Vitali
Le temps d'une immobilisation forcée, Lise va essayer de vraiment se parler. Les mots volent à son secours alors qu'elle est dans la pente. Et quand elle la remonte, Lise lentement consolide sa parole en même temps que ses jambes...

La Vie comme Elva
de Jean-Paul Nozière
Lorsque ses parents apprennent leur licenciement, c'est Elva qui va les pousser à se battre. « Elva la rouge » qui distribue les tracts à travers la ville, prépare les banderoles, rejoint les occupants de l'usine et les piquets de grève. Une fille de son âge croise son regard, c'est le coup de foudre.

Deux fois rien
de Marie-Sophie Vermot
Nuala est enceinte, même pas amoureuse, une histoire idiote dont elle a honte. Elle entre en seconde, l'accouchement est prévu pour Noël. Il lui faudra, bien avant l'heure, apprendre à être maman.

Frères de sang
de Mikaël Ollivier
Un soir, le destin des Lemeunier bascule. Brice, le fils aîné, est arrêté, soupçonné d'être l'auteur de cinq crimes odieux. D'abord terrassé, mais convaincu de l'innocence de son frère, Martin se lance dans une terrifiante enquête en solitaire.

Havre de paix
de Fujino Chiya
Quatre nouvelles évoquent la vie contemporaine au Japon. Les personnages

flottent dans une réalité banale derrière laquelle affleure l'étrange, pas forcément où nous l'attendons.

Un été 58
de Jean-Paul Nozière

Dans la torpeur de l'été 1958, Justin est placé en famille d'accueil, dans un village. Il a quatorze ans, il est d'une aisance insolente avec les adultes. Pierre, fils d'instituteurs, élevé strictement, tombe sous le charme.

Point de côté
de Anne Percin

Il y a sept ans, Pierre a perdu son frère jumeau dans un accident de voiture. Survivre est devenu si difficile que, peu à peu, il y a renoncé. Un suicide lent, par la course à pied. Mais c'est quand on ne croit plus à rien que tout peut arriver...

Deux sœurs en décembre
de Shaïne Cassim

Romy se plaît, se roule dans le chagrin et la tristesse. Et soupire en secret pour Athanaël, qui est accessoirement le proviseur du lycée où elle est en hypokhâgne. Un jour, elle franchit le pas.

La Théorie de la relativité
de Barbara Haworth-Attard

Le jour de ses seize ans, Dylan est mis à la porte par sa mère. Sans toit ni ressources, il apprend à vivre dans la rue. Il y a des règles à suivre, des codes à comprendre... Malgré des amitiés occasionnelles, la vie dans la rue est une longue descente aux enfers.

Mixité(s)
Collectif

Les clichés enferment. La religion et les différences culturelles définissent mais séparent aussi quand elles sont brandies comme des étendards... Comment mieux vivre ensemble ? Neuf nouvelles pour évoquer la notion de mixité.

Tout doit disparaître
de Mikaël Ollivier

Frénésie des soldes, invasion des marques, publicités tapageuses et surconsommation... À son retour en métropole, tout révolte Hugo et le dégoûte au regard du dénuement qu'il a vécu sous les tropiques. Il entre en résistance.

Rien à perdre
de Marie-Sophie Vermot

Tess conduisait le tracteur qui a écrasé Sita, sa petite sœur. Depuis elle a obéi à son père, elle s'est éloignée de lui. Comment ne pas renoncer à ses projets maintenant que plus rien n'a de sens ? Et si sa mère, perdue de vue depuis longtemps, pouvait l'aider ?

Nous sommes tous tellement désolés
de Jean-Paul Nozière

Au village, ils n'ont pas aimé voir débarquer Vassile, un étranger qui a hérité la maison de sa mère. Vassile veut comprendre... Comprendre celle qui l'a abandonné dix ans auparavant et qui lui lègue une baraque branlante au milieu des vignes.

Frères de rap
de Janet McDonald

Nate a seize ans et vient d'Harlem. Contrairement à ses amis d'enfance qui vivent de petits trafics en tous genres, il a obtenu une bourse pour intégrer un grand lycée chic. Difficile de faire cohabiter ces deux mondes et Nate refuse de choisir.